大人の教科書ワーク

社会

はじめての
大人の
学び直し

BUNRI

大人の教科書ワーク　はじめに

この本は、楽しみながら「はじめての大人の学び直し」をするために作られました。

リスキリング、生涯学習、リカレント教育……。近年、いわゆる意識の高い「大人の学び直し」の必要性が叫ばれています。

そうした、どこか威圧的ですらある社会の声を目の当たりにして、ちょっぴり怖気づいたり、気後れしたりして、

「今さら何を学び直せばええっちゅーねん！」

と、お茶の間でツッコミを入れているあなたにこそ、手に取っていただきたい本です。

この本に収録されている30編のテーマは、主婦や介護士、会社員から会社の社長まで、約200名のさまざまな方にインタビューやアンケートをして得られた「切実な悩みやちょっとしたギモン」を、文理編集部で厳選したものです。

この本が目指したのは、「小・中学生のときに使っていた教科書をひもとくだけで、普段の日常にちょっぴり彩りが生まれるかも」という、ささやかな提案です。

使っていた思い出の教科書をすでに捨ててしまったあなたのために、この『大人の教科書ワーク』は作られました。

ぜひページをめくって、「はじめての大人の学び直し」を楽しんでください！

文理　大人の教科書ワーク編集部

大人の教科書ワーク　この本の使い方

1つのテーマは、それぞれ4ページで構成されています。
どのテーマからでも読み進めることができます。

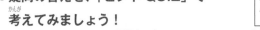

尻田 がりさん　　押江 ヨウさん

なるほど！と納得したときはびっくりマークになる。

・素直
・好奇心旺盛

このボタンで頭に乗っている教科書を取り替えられる。

・世話焼き
・ちょっとウザいがにくめない。

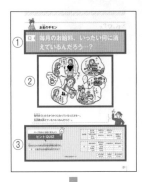

● 疑問の答えを、「ヒント QUIZ」で考えてみましょう！

① 「クエスチョン」…日常で生まれるさまざまな疑問を取り上げています。

② イラスト…日々の疑問にまつわる、ユーモラスなイラストを掲載。

③ 「ヒント QUIZ」…疑問の答えを導き出すヒントとなるクイズです。
次のページを開く前に、ぜひ考えてみてください。

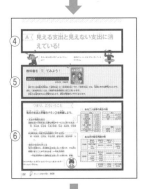

● 「教科書を見てみよう！」＆「つまり、こういうこと」で疑問を解決！

④ 「アンサー」…前ページの疑問に対する答えです。このページ全体を読むことで、答えをくわしく理解することができます。

⑤ 「教科書を見てみよう！」…疑問とその答えに関して、小・中教科書の関連項目のダイジェストを掲載しています。

⑥ 「つまり、こういうこと」…疑問の答えをわかりやすく解説しています。

● 「おさらいワーク」の問題を解いて、知識を確認！

⑦ 「書いて身につく！おさらいワーク」…これまでのページの内容を踏まえて作成された問題です。これらの問題を手を動かしながら解くことで、知識を確認・定着させることができます。

※問題の答えは、それぞれのテーマのまとめのページの下部にあります。

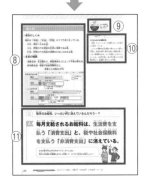

● 疑問の答えを、まとめとコラムで深掘り！

⑧ 「まとめ」…テーマに関連する事項をシンプルにまとめています。

⑨ 「他教科リンク」…『大人の教科書ワーク』の他の教科のページとのリンクです。他の教科で関連するテーマを扱っている際に記しています。

⑩ 「コラム」…テーマに関連した補足事項や「オススメの一冊」を記しています。

⑪ 「くわしいアンサー」…④の「アンサー」をくわしく説明しています。

大人の教科書ワーク　社会　もくじ

大人が気になる
お金に関するギモンを解決！

お金のギモン ？？？？？

社会のギモン ？？？？？

言われてみれば気になる
社会のしくみに関するギモンを
集めました！

だれかに話したくなる
歴史のギモンを集めました！

歴史のギモン ？？？？？

ニュースのギモン ?????

今更聞きづらい
ニュースのギモンを
集めました！

日々のくらしで
ふいに浮かぶギモンを解決！

くらしのギモン ?????

●参考教科書一覧

・「新しい社会　地理」中学校社会科用（東京書籍）　　・「中学社会　地理」中学校社会科用（教育出版）

・「新しい社会　歴史」中学校社会科用（東京書籍）　　・「中学社会　歴史」中学校社会科用（教育出版）

・「新しい社会　公民」中学校社会科用（東京書籍）　　・「中学社会　公民」中学校社会科用（教育出版）

・「中学生の地理」中学校社会科用（帝国書院）　　　　・「中学社会　地理的分野」中学校社会科用（日本文教出版）

・「中学生の歴史」中学校社会科用（帝国書院）　　　　・「中学社会　歴史的分野」中学校社会科用（日本文教出版）

・「中学生の公民」中学校社会科用（帝国書院）　　　　・「中学社会　公民的分野」中学校社会科用（日本文教出版）

・「中学歴史」中学校社会科用（山川出版社）

監修者

テーマ9

愛敬浩二
（あいきょう・こうじ）

早稲田大学法学学術院教授。憲法学専攻。『憲法改正をよく考える』（共著　日本評論社　2018年）等。

トビライラスト

お金のギモン

伊藤ハムスター （いとう・はむすたー）

多摩美術大学油絵科卒。『こども六法』（弘文堂2019年）『さらにざんねんないきもの事典』（高橋書店2020年）『源氏物語解剖図鑑』（エクスナレッジ2021年）など。2023年に絵本『ぼくのへや』（KADOKAWA）を上梓。

社会のギモン

青色イリコ （あおいろ・いりこ）

保護猫を2匹飼っている漫画家。『ジャポニズム47』（リブレ出版　2009年）、『マンガでわかる中学社会歴史年代暗記』（学研プラス2020年）等

歴史のギモン

255 （にここ）

面白いもの・かわいいものが好きです。勉強は……あまり得意ではありませんでした。
🅧@nikokosan

ニュースのギモン

杉江慎介 （すぎえ・しんすけ）

船橋市在住｜イラストレーター・デザイナーシンプルでゆるいイラストを描いています。
https://note.com/shinsukesugie

くらしのギモン

ふるえるとり

二人の娘の育児をしながら、シュールなテイストのまんがやイラストを描いています。著書『母ちゃんだって褒められたい。』（KADOKAWA　2019年）

協力

出典：朝日新聞社／岡崎市観光協会／ColBase（https://colbase.nich.go.jp/）／ Cynet Photo ／農林水産省 Web サイト（https://www.maff.go.jp/j/meiji150/toti/index.html）／ PIXTA ／富士山本宮浅間大社（敬称略・50音順）

お金のギモン

お金のギモン

Q 生きていくのに必要なお金はどのくらい？

ムリ…

なんとなく将来が不安だ〜！
今後生きていくのにいくらかかるのかわかればいいのに‼

ページをめくる前に考えよう

ヒント QUIZ

2019年に金融庁が、「夫婦が老後30年間生活する場合、約 ____ 円不足する」と報告し「老後 ____ 円問題」として騒がれました。 ____ にあてはまるのは次のうちどれですか？

500万　　1000万　　1500万　　2000万　　※答えは次のページ

A 人生はあなた次第。かかるお金もあなた次第…。

将来お金に困らないか不安だなあ…。

自分の人生設計にかかるお金を知ることで、必要なお金を準備することができるよ！

教科書を 見 てみよう！

社会 **公民**

家計の収入と支出

中学公民　市場経済

将来の生活には多くのお金が必要になります。将来お金がどのくらい必要になるのかは、自分の人生設計＝「ライフプラン」によって異なります。自分のライフプランを実現するために、いつまでにいくらを、どのように貯めるのか、考えてみましょう。

つまり、こういうこと

自分のライフプランにかかるお金を知ることで、お金の準備ができる。

・自分の将来に必要なお金を考える。
(1)　収入（所得）はどのくらいになりそう？　1 ⇒

　　収入の種類
　　→給与所得：働き先から受け取るお金
　　　財産所得：不動産などの資本を運用して得るお金
　　　事業所得：自営業など個人が経営する事業から得るお金

(2)　これからどのくらいの支出がありそう？　2 ⇒
　　例：結婚費用、教育費、住宅費、老後資金など。
　　※家族構成や暮らし方によって金額は異なる。

(3)　支出を見越して、何歳までに、どのくらい貯蓄ができそう？
　　収入から支出を差し引いた残りが貯蓄。
　　例：銀行預金、郵便貯金、株式・債券の購入、
　　　　生命保険料（貯蓄型）の支払いなど。

1 年代ごとの収入と支出平均

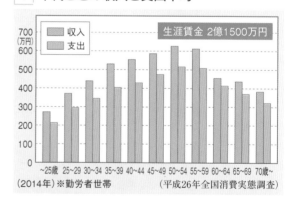

生涯賃金 2億1500万円

（2014年）※勤労者世帯　　（平成26年全国消費実態調査）

2 人生のイベントにかかる費用の例

子どもの教育費	約930万円（高校まで公立、大学は私立文系の場合）
住宅費	約3600万円（建売住宅の場合）
老後資金（二人）	約3000万円（支出から年金収入を除いた金額）

（文部科学省「子供の学習費調査」2021年度、住宅金融支援機構「フラット35利用者調査」2021年度、全国銀行協会資料）

 ※ヒントQUIZの答え：2000万

書いて身につく! おさらいワーク

1 次の問いに答えましょう。

(1) 収入についてまとめた次の表の [   ] にあてはまる語句をそれぞれ書きましょう。

❶ [ ]	預金の利子や株式の配当金などによって得る所得。
❷ [ ]	会社や官公庁で働いて得る所得。
❸ [ ]	自分で農業や工場、商店などを経営して得る所得。

(2) 家計の収入から、支出を差し引いた残りを何といいますか。

❹ [   ]

(3) 23歳になったばかりの B さんは、現在貯蓄が200万円あり、貯蓄が500万円になったら、結婚したいと考えています。B さんが毎月欠かさず 5 万円貯める場合、結婚するまでに何年かかりますか。正しいものを次から選びましょう。

ア 2年　　イ 3年　　ウ 4年　　エ 5年

❺ [   ]

2 前のページも参考にしながら、あなたのライフプランを下の表に自由に書きましょう。
また、そのライフプランを成し遂げるにはいくらかかるか計算してみましょう。

年齢	～20代	30代	40代	50代	60代	70代	80代～
ライフプラン							
かかるお金							

まとめ

● **自分の将来にかかるお金の考え方**

① 人生のイベントごとに成し遂げたいことを考える。

　例：結婚はする？　しない？

　　　住宅は買う？　借りる？

　　　子どもはほしい（何人）？　ほしくない？

　　　老後はどんな暮らしがいい？　など。

② それぞれのイベントにかかる**費用を計算**する。

③ 自分の収入額と支出額を把握し、いくら**貯蓄**すればよいのか計算する。

　・収入（所得）の種類

　給与所得：働き先から受け取るお金

　財産所得：不動産などの資本を運用して得るお金

　事業所得：自営業など個人が経営する事業から得るお金

　※ほかに、高齢者が受け取る年金給付や、失業者が受け取る雇用保険の給付も収入に含まれる。

　→収入から支出を差し引いた残りが貯蓄となる。

メモ

ライフプランを立てるとき

　ライフプランを立てるといっても、具体的に考えるのは難しい。そんなときは、資金計画の専門家「ファイナンシャルプランナー（FP）」に相談したり、インターネットにある「ライフプランシミュレーション」を活用したりするとよい。

オススメの一冊

「人生を変えるライフプランノート」
（本田桂子　永岡書店　2011年）

Ⓠ 生きていくのに必要なお金はどのくらい？

Ⓐ **人生はあなた次第。自分の人生にかかるお金を計算して、必要なお金を準備しよう。**

自分の将来の計画をしっかり立てることが大切なんだね。
そうすることで、お金を準備することができて、将来への不安も解消されるね！

　おさらいワークの答え：①財産所得　②給与所得　③事業所得　④貯蓄　⑤エ

お金のギモン

Q お金を増やすにはどうしたらいいの？

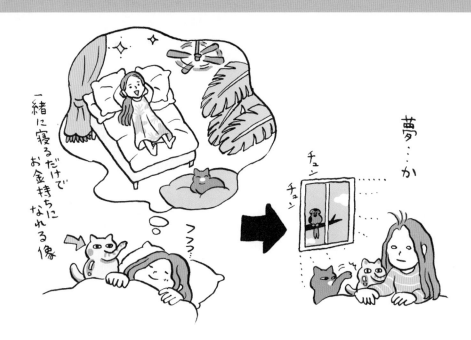

一緒に寝るだけでお金持ちになれる像

夢…か

お金はどうやったら効率よく増やせるの？　最近、投資ってよく聞くけど、いまいちピンとこない…。やってみたいけど、なるべく損はしたくないです！

ページをめくる前に考えよう
ヒント QUIZ

たくさんのたまごを保管したいとき、
安全に保管できるのは A と B のどちらですか？

A

B
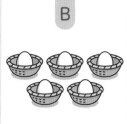

※答えは次のページ

A リスクは分散（ぶん さん）せよ！

お金持ちって「株式」や「投資」で成功している人のイメージがあるなあ。

彼らは「金融商品」にくわしいんだ。金融商品を上手に活用するとお金を増やすことができるよ！

教科書を 見 てみよう！

社会 **公民**

さまざまな金融商品（きんゆうしょうひん）

中学社会　市場経済

お金（かね）を増（ふ）やす方法（ほうほう）の1つに、「金融商品（きんゆうしょうひん）」があります。「金融商品（しょうひん）」とは、お金（かね）の貸（か）し借（か）りの仲立（なかだ）ちを行（おこな）う「金融機関（きんゆうきかん）」が提供（ていきょう）する商品（しょうひん）のことです。金融商品（きんゆうしょうひん）を上手（じょうず）に活用（かつよう）すれば、効率（こうりつ）よく継続的（けいぞくてき）にお金（かね）を増（ふ）やすことができます。しかし、金融商品（きんゆうしょうひん）の中（なか）には得（え）るお金（かね）と失（うしな）うお金（かね）の振（ふ）れ幅（はば）＝「リスク」が大（おお）きい商品（しょうひん）もあります。

リスクをさけるには

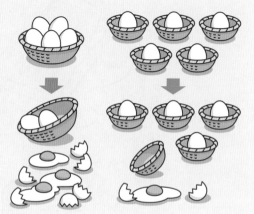

つまり、こういうこと

さまざまな金融商品（きんゆうしょうひん）の特徴（とくちょう）を知（し）れば、最小（さいしょう）限（げん）の「リスク」でお金（かね）を増（ふ）やすことができる。

・主（おも）な金融商品（きんゆうしょうひん）の特徴（とくちょう）とメリット、デメリット
　・株式（かぶしき）＝企業（きぎょう）の株式（かぶしき）を購入（こうにゅう）し、株価（かぶか）（株式（かぶしき）の価格（かかく））の値（ね）上（あ）がりによる利益（りえき）や企業（きぎょう）が得（え）た利益（りえき）の一部（いちぶ）（配当（はいとう））を得（え）る。
　メリット　　：収益性（しゅうえきせい）が高（たか）い。
　デメリット：株価（かぶか）変動（へんどう）によるリスクが大（おお）きい。

　・投資信託（とうししんたく）＝資金（しきん）の運用（うんよう）を専門家（せんもんか）に任（まか）せ、株式（かぶしき）や債券（さいけん）など複数（ふくすう）の商品（しょうひん）を活用（かつよう）することで利益（りえき）を得（え）る。

　メリット　　：運用（うんよう）を専門家（せんもんか）に任（まか）せることができる。
　デメリット：投資信託（とうししんたく）に組（く）み入（い）れられている商品（しょうひん）が値（ね）下（さ）がりする場合（ばあい）がある。
・預金（よきん）＝金融機関（きんゆうきかん）にお金（かね）を預（あず）け、利子（りし）（利息（りそく））を得（え）る。
　メリット　　：安全性（あんぜんせい）や流動性（りゅうどうせい）（換金（かんきん）のしやすさ）が高（たか）い。
　デメリット：収益性（しゅうえきせい）が低（ひく）い。

・債券（さいけん）＝企業（きぎょう）や国（くに）にお金（かね）を貸（か）し、一定（いってい）の期間（きかん）ごとに利息（りそく）を得（え）る。
　メリット　　：定期的（ていきてき）に利息（りそく）を受（う）け取（と）ることができる。
　デメリット：発行者（はっこうしゃ）の財務状況（ざいむじょうきょう）により、利息（りそく）元本（がんぽん）が約（やく）束通（そくどお）り払（はら）われない場合（ばあい）もある。

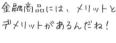
金融商品には、メリットとデメリットがあるんだね！

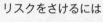
※ヒント QUIZ の答（こた）え：B

書いて身につく! おさらいワーク

1 次の文の[　　　]にあてはまる語句を選びましょう。

リターン　　リスク　　株式　　政府　　専門家　　金融商品

◉お金を増やすには、継続的な資金運用が重要になります。その方法の1つとして、お金の貸し借りの仲立ちを行う「金融機関」が提供する❶[　　　　　　　]があります。

◉[　❶　]の中には、企業の❷[　　　　　　　]を購入し、その値上がり益や企業が得た利益の一部を受け取るもの、資金の運用を❸[　　　　　　　]に任せるものなどがあります。

◉[　❶　]には、将来得るお金と失うお金の振れ幅を表す❹[　　　　　　　]と、将来得られる利益を表す❺[　　　　　　　]があります。

2 Aさんは金融商品を使ったお金の増やし方に興味があります。下のノートはAさんが金融商品についてまとめたものです。[　　　]❻〜❽にあてはまる言葉を、あとから選びましょう。また、[　❾　]にあてはまる金融商品の名前を書きましょう。

お金の増やし方🖊

✓ 株　　式…利益は大きいが、[　❻　]。

✓ 投資信託…[　❼　]が、投資信託先の株式や債券が値下がりする場合もある。

✓ 預　　金…[　❽　]が、収益性はあまり高くない。

✓ 債　　券…定期的に利息を受け取ることができるが、元本が約束通りに払われない場合もある。

◎リスクを最小限に抑えながらコツコツお金を増やすには、[　❾　]がよさそう!

ア　金融機関にお金を預けるので安全性が高い

イ　運用を専門家に任せることができる

ウ　値下がりや会社の倒産などによるリスクが大きい

❻[　　　]　❼[　　　]　❽[　　　]　❾[　　　]

金融商品とは

金融機関が提供する商品のこと。金融商品を活用することで、継続的にお金を増やすことができる。

金融商品の例

・株式…「株式」を購入し、値上がり益や配当を得る。

・投資信託…資金の運用を専門家に任せ、複数の金融商品から利益を得る。

・預金…金融機関にお金を預け、利子（利息）を得る。

・債券…企業や国にお金を貸し、その利息を得る。

・金融商品によって、リスクや収益性は異なる。

例：株式

株価（株式の価格）の変動によって、将来大きな利益を得ることも、大きな損失を受ける場合もある。

＝ハイリスク＆ハイリターンな商品

日本の貯蓄構成

・日本は資産に占める預金の割合が高い。

→日本政府は投資の推進をよびかけている。

メモ 🗖

新しいお金の増やし方

仮想通貨とは、インターネット上でやり取りできるデジタル通貨のこと。「モノ」がないので、銀行など第三者を介してやり取りする必要がない。お金のやり取りを素早く行えることがメリットだが、価格の変動が非常に激しいというデメリットや、ハッキングなどのインターネット上のトラブルにあう危険性もあるため、利用には注意が必要。

メモ 🗖

家計の貯蓄の構成の国際比較

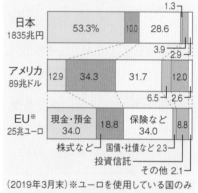

	現金・預金	株式など	投資信託	保険など	国債・社債など	その他
日本 1835兆円	53.3%	10.0		28.6		1.3
アメリカ 89兆ドル	12.9	34.3		31.7		12.0
EU※ 25兆ユーロ	34.0	18.8		34.0		8.8

日本：3.9／2.9　アメリカ：6.5／2.6　EU：国債・社債など 2.3　その他 2.1

（2019年3月末）※ユーロを使用している国のみ
（日本銀行資料）

Ⓠ お金を増やすにはどうしたらいいの？

Ａ ▶ **複数の金融商品を上手に活用すると、リスクを最小限に抑えながらお金を増やすことができる。**

お金を増やすことに成功している人は、金融商品の特徴とリスクを理解してうまく活用しているんだね。企業や信託先が信用できるかどうか、最新の金融市場に関するニュースなど、アンテナを幅広くはることが、成功のカギになるよ！

おさらいワークの答え：①金融商品　②株式　③専門家　④リスク　⑤リターン　⑥ウ　⑦イ　⑧ア　⑨預金

お金のギモン

Q 物価が高くなるのはなんで？

最近物価高すぎ！

ほうれん草が1800円ですって！

卵なんて1コ300円よっ

最近いろいろなものが高くなったよなぁ…困った困った。
なんで高くなるんだろう。勘弁してほしいよね。

ページをめくる前に考えよう
ヒント QUIZ

「価格」と「物価」、A・Bにはそれぞれ、どちらの言葉があてはまるでしょうか？

・ A とは、いろいろな商品の B をまとめて平均化した指標。　　※答えは次のページ

A〉 買いたい気持ちと買える余裕が あると財布のひもはゆるむから。

いろんなものが安くなったり高くなったり、お買い物が難しいよ！

物価の上がり下がりは景気と関係があるんだよ。

教科書を 見 てみよう！

社会 **公民**

景気とは……

中学公民　市場経済

いろいろな商品の平均価格のことを、「物価」といいます。

経済全体の調子が良い「好景気」では、人々の買いたい気持ちが強くなり、物価は上がります。反対に、経済全体の調子が悪い「不景気」では、人々の買いたい気持ちは弱くなり、物価は下がります。

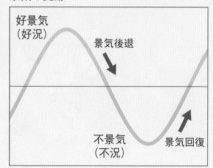

景気の変動

好景気
（好況）

景気後退

不景気
（不況）

景気回復

つまり、こういうこと

例

物価は、景気の状態によって変わる。

・物価の変わり方
　・好景気のとき
　　ものを買いたい人が多く、ものの価格が高くなっても、ものは売れる。→物価は上がる
　　＝物価が上がり続ける**インフレーション**がおきる

　・不景気のとき
　　ものを買いたい人が少なく、ものの価格を安くしても、ものは売れない。→物価は下がる
　　＝物価が下がり続ける**デフレーション**がおきる

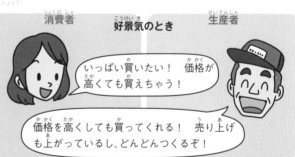

消費者　**好景気のとき**　生産者

いっぱい買いたい！ 価格が高くても買えちゃう！

価格を高くしても買ってくれる！ 売り上げも上がっているし、どんどんつくるぞ！

不景気のとき

お金がないな…。買うのやめようかな…。

みんな買ってくれないから、価格を下げ続けなきゃ。でも、価格を下げるとつくり続けられない…。

※ヒントQUIZの答え：A 物価　B 価格

※答えは次のページ

書いて身につく! おさらいワーク

1 物価と私たちの暮らしについてまとめた次の文の [   ] にあてはまる語句を選びましょう。また、[   ] 内の文字をなぞり、文を完成させましょう。

少なく　　多く　　低く　　高く

◉ いろいろな商品の平均価格のことを、[物価] といいます。

◉ 物価の上がり下がりには、[景気] が大いに関係しています。

● [好景気] のときは、消費者が買うものの量は❶ [   ] なり、生産者が売るものの価格は❷ [   ] なります。

● [不景気] のときは、消費者が買うものの量は❸ [   ] なり、生産者が売るものの価格は❹ [   ] なります。

2 次の2つの会話は、インフレーションとデフレーション、どちらのときの会話ですか。あてはまるものをそれぞれ書きましょう。

【会話(1)】　あるスーパーマーケットでの会話

Aさん　野菜もたまごもティッシュペーパーも、また値上がりしているね。

Bさん　あら、ほんとう?

Aさん　最近いろいろなものの価格が高くなり続けているね……。

Bさん　これ以上値上がりする前に買いだめしておこうかな。

---

❺ [   ]

【会話(2)】　あるお店での会話

店主A　最近うちの商品が売れないんですよ。

店主B　みんな財布のひもが固くなっているんですよ。

店主A　商品を買ってもらえるよう価格を下げているから、従業員に払う給料の金額も上げることができないんです……。

---

❻ [   ]

19

まとめ

景気と物価

景気と物価は深く関係している。

・景気…経済全体の状態のこと。

・市場…ものが売り買いされる場。

好景気…**ものが買われ**、市場のお金の流れが活発なとき、**物価は「上がる」**。

不景気…**ものが売れ残り**、市場のお金が流れにくいとき、**物価は「下がる」**。

物価変動の要因

物価が上昇する要因はさまざま。

世界情勢、感染症の拡大、災害、円安など、複数の要因が合わさって、物価上昇がおきる。

※2023年の物価上昇の例

ロシアのウクライナ侵攻による、石油などのエネルギー価格の上昇→モノ・サービスの価格上昇

鳥インフルエンザ流行→たまごの価格上昇

メモ

スタグフレーション

スタグフレーションとは、不景気とインフレ（物価上昇）が同時進行している状態のことをいう。不景気のときは物価が下がるが、エネルギー価格の高騰や原材料不足などを要因として、不景気でも物価が高くなってしまうことがある。1970年代のオイルショックのときは、原油価格が高騰したにもかかわらず、賃金は上昇せず、苦しい経済状態だった。

オススメの一冊

「物価のしくみがわかる本」
（横山光昭 監修　宝島社　2023年）

Q 物価が高くなるのはなんで？

A 物価は景気によって変わり、買いたい気持ちと買える余裕がある「好景気」では物価が上がるから。

景気によってものの売り買いのバランスが変わるから物価も変わるんだね。
物価が高いとき、低いときの原因を考えてみよう！

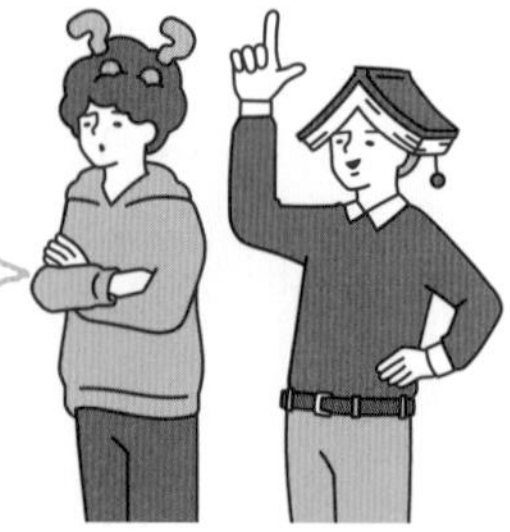

おさらいワークの答え：①多く　②高く　③少なく　④低く　⑤インフレーション　⑥デフレーション

お金のギモン

毎月気づいたらかつかつになっているんだよな〜。
生活費は抑えているつもりなんだけど…。

ページをめくる前に考えよう

ヒント QUIZ

右はBさんのある月の給与明細の例です。
　A　にあてはまる語句は何ですか？

※答えは次のページ

支給額	基本給	役職手当	家族手当	
	250,000	43,000	10,000	
	時間外労働手当	深夜手当	休日手当	通勤手当（非課税）
	40,000			15,000

	健康保険料	厚生年金保険料	介護保険料	雇用保険料
A	15,840	32,940	―	975
	所得税	住民税		
	17,600	20,000		

総支給額	控除計	差引支給額
358,000	87,355	270,645

A 見える支出と見えない支出に消えている！

{ 手元に残るお金は何でこんなに少ないの！？ }

{ 給料からいろいろな支払いをしているからだよ。 }

教科書を 見 てみよう！

社会 公民

消費生活

中学公民　市場経済

消えているお金の正体は、「消費支出」と「非消費支出」です。「消費支出」とは、生活にかかる費用のことです。
また、「非消費支出」とは、「税金や社会保険料」のことをいいます。
支払うお金をきちんと把握することで、家計の管理がしやすくなります。

つまり、こういうこと

毎月の支出と貯蓄のバランスを把握しよう。

・支出の種類を知る
消費支出＝日常生活に必要な商品やサービスに対する支出。 ⬚1
　　例：食料費、住居費、水道光熱費、交通・通信費、交際費
　　など。

非消費支出＝税金や社会保険料に対する支出。 ⬚2
　　例：所得税、住民税、年金保険、雇用保険、健康保険　など。

・家計の支出を考える
毎月の所得から、非消費支出を差し引いた残りが、その月に
実際に使うことができるお金（＝可処分所得）
　→可処分所得から消費支出を差し引いた残りが、貯蓄。

可処分所得よりも消費支出が大きくなると家計は赤字！
バランスが大事だね。

1 ある二人世帯の家計の例

支出	
食料費	65,000円
住居費	50,700円
水道光熱費	21,000円
交際費	13,200円
医療費	8,000円
交通・通信費	28,000円
日用品	12,100円
その他の支出	20,000円
合計	218,000円

収入	
給与	503,000円
その他	1,200円
合計	504,200円

貯蓄	
保険料	95,000円
預貯金	191,200円

2 ある月の給与明細の例

	基本給	役職手当	家族手当	
支給額	250,000	43,000	10,000	
	時間外労働手当	深夜手当	休日手当	通勤手当（非課税）
	40,000			15,000

	健康保険料	厚生年金保険料	介護保険料	雇用保険料
控除額	15,840	32,940	—	975
	所得税	住民税		
	17,600	20,000		

総支給額	控除計	差引支給額
358,000	87,355	270,645

書いて身につく！ おさらいワーク

1 次の資料を見て、あとの問いに答えましょう。

(1) 家賃や光熱費、食費などに対する支出を何といいますか。

❶ [　　　　　　　　　]

(2) A家の(1)の支出は何円ですか。

❷ [　　　　　　　　　]

(3) A家は今月、何円を貯蓄にまわすことができますか。

❸ [　　　　　　　　　]

資料　ある月のA家の家計簿

収入	給与 （共働き世帯）	500,000円
支出	家賃	90,000円
	水道光熱費	20,000円
	食費	70,000円
	通信費	25,000円
	日用品・衣服	45,000円
	教育費	20,000円
	交際費	20,000円
	税・社会保険料	110,000円

2 次のAさんとBさんの会話を読んで、下線部❹・❺の説明としてあてはまるものを、それぞれあとから選びましょう。

> Aさん　今月、我が家の家計は赤字だ！　将来に向けて貯金したいのに、全然たまらないよ。どうしたらいいんだろう…。
>
> Bさん　まいったな。今月はいろいろ使いすぎちゃったもんね。毎月、何にお金を使ったか把握してる？
>
> Aさん　正直にいうと、把握していなかったよ。❹将来のためにも、毎月いくら貯金できているか、きちんと計算しないとね。
>
> Bさん　そうだね。さっそく先月の給与明細を見てみよう。うーん、けっこう❺税金や保険料が高いんだなあ。生活費を節約して貯金しないと…。
>
> Aさん　来月から本格的にがんばろう。

ア　毎月の支出額を増やそうとしている。

イ　毎月の貯蓄額を計算しようとしている。

ウ　毎月の所得を増やそうとしている。

エ　毎月の消費支出を減らそうとしている。

❹ [　　　　　　　]　　❺ [　　　　　　　]

他教科リンク 実技 65ページ

クレカや電子マネー、使いすぎを防ぐには？

まとめ

●家計のしくみ

家計は「所得」・「支出」・「貯蓄」の３つで成り立っている。

・所得…家計へ入るお金。
・支出…所得のうち現在の生活に消費するお金。
・貯蓄…所得のうち将来の消費のためにためるお金。

●支出の種類

・消費支出…生活費など。家族構成などによって中身は異なる。
・非消費支出…税金や社会保険料など。

[世帯ごとの家計の平均]

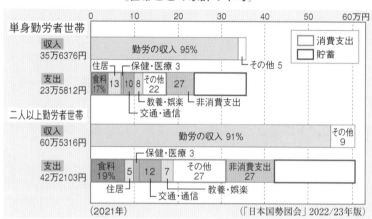

（2021年）　（「日本国勢図会」2022/23年版）

メモ

デジタル化する消費生活

　近年、クレジットカードや電子マネーでの支払いが広がっている。

　こうした実際のお金の動きが見えづらい支払い方法は、自分の支払い能力を超えた金額を使ってしまう危険性がある。とくに後払いとなるクレジットカードは引き落とし日と引き落とされる金額を考えて、計画的に使うことが大切。

Q 毎月のお給料、いったい何に消えているんだろう…？

A 毎月支給されるお給料は、生活費を支払う「消費支出」と、税や社会保険料を支払う「非消費支出」に消えている。

なぜお金が消えるのかわかってスッキリしたね。
毎月の支出額と貯蓄額をきちんと把握して、かつかつ生活から脱出しよう！

おさらいワークの答え：①消費支出　②290,000円　③100,000円　④イ　⑤エ

お金のギモン

Q お金を稼ぐと支払う税金が増えるのはなぜ!?

働けば働くほど負担しなきゃいけない税金が増えるなんておかしいじゃないか！ 全員から平等に、同じ金額の税金を取るべきだ！

ページをめくる前に考えよう

ヒント QUIZ

所得の多いＡさんと所得の少ないＢさんが100円のおにぎりを買いました。消費税の負担が大きいのはどちらだと考えられますか？ ※答えは次のページ

A

B

A 「平等さ」と「公平さ」の両方が必要だから。

 平等さと公平さって、同じことをいってる気がするけど…。

 実は少し違うんだ。教科書では、これら2つの「公正さ」について触れられているよ。

教科書を 🔍見 てみよう！

社会 **公民**

公正な税

中学公民　財政

公正な税には2つの相反する考え方があります。

1つは、税は支払い能力に応じて負担するのが公正という考え方です。

もう1つは、個人の支払い能力に関係なく、同じ税率を負担するのが公正という考え方です。

税金は、納税する国民が納得できるものでなければなりません。

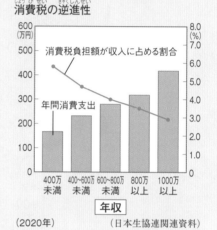

消費税の逆進性

消費税負担額が収入に占める割合

年間消費支出

| | 400万未満 | 400~600万未満 | 600~800万未満 | 800万以上 | 1000万以上 |

年収

（2020年）　（日本生協連関連資料）

つまり、こういうこと

税金は、2つの「公正さ」を組み合わせている。

・平等さ

＝それぞれの支払い能力に関係なく、同じ税率を負担　図➡

　例：100円のおにぎりの消費税は、
　　　買い手の所得にかかわらず8円。

　→所得が低い人ほど負担が大きい……消費税の逆進性

・公平さ

＝それぞれの支払い能力に応じて負担

　例：所得が1000万円の人の所得税率は33%
　　　100万円の人の所得税率は5%

　→所得が多い人ほど負担が大きい……累進課税

図 **平等な税と公平な税**

例

所得1,000万円　　所得100万円

	所得1,000万円	所得100万円
おにぎり1つの消費税（平等な税）	8円（税率8%）	8円 **負担**（税率8%）消費税の逆進性
年間の所得税（公平な税）	330万円 **負担**（税率33%）累進課税	5万円（税率5%）

※ヒントQUIZの答え：B

※答えは次のページ

書いて身につく！ おさらいワーク

1 次の表の［　　　］にあてはまる語句を選びましょう。
また、［　　　］内の文字をなぞり、表を完成させましょう。

税金の納めかたと
納め先によって
種類が分かれるのか～。

国税　　地方税　　直接税　　間接税　　消費税　　所得税

		❶［　　　］納税者と担税者が一致する税	❷［　　　］納税者と担税者が一致しない税
❸［　　　］国に納める税金		❺［　　　］法人税、相続税	❻［　　　］酒税、たばこ税、揮発油税、［ 関税 ］
❹［　　　］地方公共団体に納める税金	［ 都道府県税 ］	都道府県民税、事業税、自動車税	地方消費税、都道府県たばこ税、ゴルフ場利用税
	［ 市町村税 ］	市町村民税、固定資産税、軽自動車税	市町村たばこ税、入湯税

2 所得が100万円の佐藤さんと、所得が1000万円の鈴木さんがいます。
佐藤さんと鈴木さんが、どちらも年間に8万円の消費税を支払うとします。
このとき、❼～❾について説明した文章として正しいものを、線でつなぎましょう。

❼累進課税	A	国は、税金の支払い能力に応じて税率を変える「公正さ」と、支払い能力にかかわらず同じ税額を課す「公正さ」の2つの考え方を組み合わせるしくみをつくっています。
❽消費税の逆進性	B	鈴木さんは、年間に330万円の所得税を支払っており、所得の33％を占めています。所得の5％を所得税として支払う佐藤さんに比べて、高い税率を支払っています。
❾税の公正さ	C	佐藤さんの支払った消費税額が所得に占める割合は8％です。佐藤さんは自身の所得が低いため、消費税の負担が家計に重くのしかかっていると感じています。

税金のしくみ

・国税 ……………… 国に納める税金。

・地方税 ………… 地方公共団体に納める税金。

・直接税 ………… 納税者と担税者が一致。所得税など。
  →課税対象額が多くなるほど税率を高くする累進課税。

・間接税 ………… 納税者と担税者が一致しない。消費税など。
  →同じ商品を買えば、所得に関係なく同じ金額の税金を負担するため、所得が少ないほど税負担が重くなる逆進性がある。

[主な税金の種類]

		直接税	間接税
国税		所得税 法人税 相続税	消費税　酒税 たばこ税 揮発油税　関税
地方税	都道府県税	都道府県民税 事業税 自動車税	地方消費税 都道府県たばこ税 ゴルフ場利用税
	市町村税	市町村民税 固定資産税 軽自動車税	市町村たばこ税 入湯税

Q お金を稼ぐと支払う税金が増えるのはなぜ!?

A 皆の負担額を等しくする「平等さ」と、皆の負担感を等しくする「公平さ」の両方が必要だから。

いろいろな立場から見た「公正さ」をうまく混ぜ合わせて、いまの税のしくみはできているんだ。一見税金の種類がたくさんあってややこしかったけど、しくみがわかってスッキリしたね。

おさらいワークの答え：①直接税　②間接税　③国税　④地方税　⑤所得税　⑥消費税　⑦B　⑧C　⑨A

社会のギモン

社会のギモン

Q 納めた税金はどこに消えていくの?

買い物のたびに払う消費税とか、何に使われているんだろう。
そういえば考えたこともなかったな!

ページをめくる前に考えよう
ヒント QUIZ

右のイラストのうち、
実際に税金が使われているのはどれですか?
すべて選びましょう。

※答えは次のページ

A

B

C

D

どれも普段利用する
施設だよなあ。

いつもアナタのすぐ側（そば）に…。

私たちが納めた税金はどのように使われているのかな？

政府が税金を集めて使い道を決めることを財政というよ！

教科書を　見　てみよう！

社会 **公民**

国（くに）の支出（ししゅつ）と収入（しゅうにゅう）

中学公民　財政

　政府による経済活動を「財政」とよびます。財政には3つの役割が求められています。1つ目は社会を支える基本的なしくみを整えること。2つ目は貧富の差が大きくならないような、公正な社会を実現すること。3つ目は景気の大きな変動を防止すること。これらの役割を果たすために、その年にどの費用にどのような割合で税金を使うか決めたものを「予算」といいます。

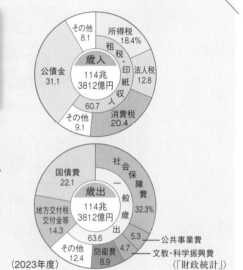

歳入
114兆3812億円

租税・印紙収入 60.7
所得税 18.4%
法人税 12.8
消費税 20.4
その他 9.1
公債金 31.1
その他 8.1

歳出
114兆3812億円

社会保障費 32.3%
一般歳出 63.6
公共事業費 5.3
文教・科学振興費 4.7
防衛費 8.9
その他 12.4
地方交付税交付金等 14.3
国債費 22.1

（2023年度）　（「財政統計」）

つまり、こういうこと

政府は私たちの生活に必要なものが何か考え、国の収入を使って提供している。

・**歳入（さいにゅう）＝国（くに）の収入（しゅうにゅう）**
　基本的に、国民が義務として納める税金によって支えられるが、税金だけでは不十分な時は、国の借金である国債を発行して補う。
　税金の例：消費税、法人税、所得税など。

・**歳出（さいしゅつ）＝国（くに）の支出（ししゅつ）**
　国民の生活を支える設備やサービスを提供するために使う。
　公共サービスの例：道路や下水道、警察や学校など。

図　政府（せいふ）・企業（きぎょう）・家計（かけい）の関係（かんけい）

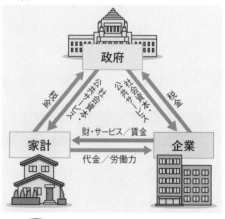

政府

補助金／税金　社会保障費・公共サービス

家計

財・サービス／賃金

代金／労働力

企業

医療や年金は社会保障費とよばれるよ。

※答えは次のページ

書いて身につく！ おさらいワーク

1 次の図の［　　　］にあてはまる語句を選びましょう。
また、［　　　］内の文字をなぞり、表を完成させましょう。

なんだか難しそうな名前だけど、具体例を見るとわかりやすいですね！

社会保障費　　防衛費　　公共事業費

主な歳入	［ 所得税 ］	所得に課せられる税金。
	［ 法人税 ］	法人の企業活動による所得に課せられる税金。
	［ 消費税 ］	商品の販売やサービスの提供に課せられる税金。
	公債金	国が歳入を補うために発行する借金。
主な一般歳出	❶［　　　　　］	医療や年金、介護、生活保護などに使われる。
	❷［　　　　　］	道路やダム、下水道、公園などの整備などに使われる。
	文教・科学振興費	教育や科学技術の発展などに使われる。
	❸［　　　　　］	国の防衛や自衛隊の運営費などに使われる。

2 次の❹〜❼のできごとは、国の歳出のうち、どれに関係していますか。関係しているものを線でつなぎましょう。

❹ 新型コロナウイルスのワクチンを無料で受けることができた。		A　社会保障費
❺ 近所の道路が整備されて、安全に通行できるようになった。		B　文教・科学振興費
❻ 地震があったとき、自衛隊員の方に救助してもらった。		C　防衛費
❼ 小学生の息子が無料で教科書をもらって帰ってきた。		D　公共事業費

まとめ

● **財政のはたらき**

・**財政**とは…政府が行う経済活動のこと。
・**予算**…政府によって毎年定められる歳出と歳入の見積もり。
　　歳入…国の収入。税金による収入が中心。
　　歳出…国の支出。社会保障費、国債費、地方交付税交付金の
　　　　　割合が大きい。

[主な歳入と歳出]

主な歳入	所得税	個人の収入にかかる税。
	法人税	企業の収入にかかる税。
	消費税	商品の消費にかかる税。
	公債金	歳入の不足を補うための借金。
主な一般歳出	社会保障費	医療や年金、介護、生活保護などの費用。
	公共事業費	道路やダム、下水道、公園などの整備のための費用。
	文教・科学振興費	教育や科学技術の発展のための費用。
	防衛費	国の防衛や自衛隊の運営費用。

メモ □

高齢化が進み、社会保障費の割合が増加し続けている。

メモ □

国債費とは、国債の返済にあてる支出のこと。地方交付税交付金とは、地方公共団体間の財政格差を抑えるため、国が税収の少ない地方公共団体に交付するお金のこと。

オススメの一冊

「国民のための経済と財政の基礎知識」
（高橋洋一　扶桑社　2021年）

歳出のうち、国債費、地方交付税交付金をのぞいて、実際に国の政策に使われるお金を一般歳出というんだ！

Q 納めた税金はどこに消えていくの？

A # 国民の生活に必要な「公共事業」や「公共サービス」として、私たちのすぐ側で使われている。

今まで支払っていた税金が何に使われているかわかって、スッキリしたね。
これからは毎年予算を見てみるのもいいね。

Q 日本が借金まみれってどういうこと?

金返せーっ

国に借金がたくさんあるの!?

えっとそれはつまり…私たちの借金ってこと…?

ページをめくる前に考えよう

ヒント QUIZ

右のグラフの形は、ある動物が口を開けている姿にたとえられることがあります。次のうち、どれでしょう?

ア ワニ　イ ゾウ　ウ ペリカン　エ ライオン

※答えは次のページ

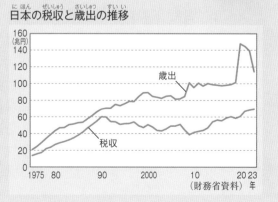

日本の税収と歳出の推移

歳出

税収

1975 80　90　2000　10　2023
（財務省資料）年

35

毎日スカイツリーが1.7基建つくらいのペースで借金が増えている！

1日にそんなに増えているの!? 日本のどこにそれを返すお金があるのかな？

とほうもない額だよね。でも、心配ばかりしなくても大丈夫！

教科書を 見 てみよう！

社会公民

公債の発行

中学公民　財政

政府の政策は主に税収を使って行われますが、税収だけでは足りない場合があります。政府は歳入の不足を補うために、国債とよばれる債権を発行します。国債は国の借金であり発行しすぎると、将来の世代の負担になるため、慎重に発行しなければなりません。

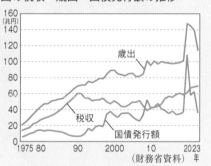

国の税収・歳出・国債発行額の推移

歳出
税収
国債発行額
(財務省資料) 年

つまり、こういうこと

政府は歳入が少ないとき、国民から借金をして補う。

現在の日本は、支出（歳出）が税収を上回る＝財政赤字の状態。

…足りない分は、国債とよばれる債券を発行して、民間の金融機関や投資家に買ってもらって補っている。　1

→国債は、返済時に利子を上乗せして返さなければならないので、「国の借金」とよばれる。

・国の借金（国債）の残高が年々増えている！　2

→しかし、日本の経済は破綻しないといわれている。

…国債によって日本円を借りているため、通貨発行権のある日本銀行が通貨を発行することで返済することができるから。

1 国債のしくみ

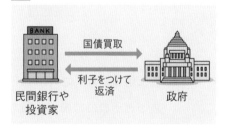

国債買取

利子をつけて返済

民間銀行や投資家　政府

2 国債残高の推移

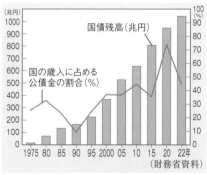

国債残高(兆円)

国の歳入に占める公債金の割合(%)

1975 80 85 90 95 2000 05 10 15 20 22年
(財務省資料)

※公債金＝歳入を補うために国債を発行して借りたお金

書いて身につく! おさらいワーク

1 右の資料を見て、あとの問いに答えましょう。

(1) 日本の財政は、税収だけでまかなえていますか。正しい方に○をつけましょう。

❶ [まかなえている ・ まかなえていない]

(2) 2023年度の歳入のうち、公債金の割合は約何割ですか。

❷ [約　　　　　　割]

(3) 日本の国債残高は、1975年以来、どのように変化していますか。

❸ [　　　　　　　　　　　　　　　]

資料1　歳入 （単位：億円）

	2023年度予算
税収	694,400
その他収入	93,182
公債金	356,230
計	1,143,812

（財務省資料）

資料2　国債残高の推移

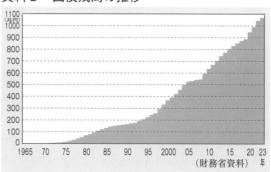

（財務省資料）

2 2人の政治家が街頭演説をしています。2人の意見のメリットとデメリットをあとから選び、表を完成させましょう。

Aさん

公債の発行はやめて、増税して歳入をまかなうべきだ！

Bさん

公債の発行はやめて、歳出を大幅に減らすべきだ！

ア　納税者の負担が小さくなる。

イ　納税者の負担が大きくなる。

ウ　税収が安定する。

エ　社会資本や公共サービスの質が落ちる。

	メリット	デメリット
Aさんの意見	❹	❺
Bさんの意見	❻	❼

まとめ

●財政赤字

- **財政赤字**…歳出が歳入を上回ること。不足分は公債を発行して補う。
- **国債**…国の借金。 ⎫
- **地方債**…地方公共団体の借金。 ⎬ 公債

  →公債は国民（住民）に対する国（地方公共団体）の借金。国（地方公共団体）は、元金に利子を上乗せして返済しなければならない。
- **日本銀行**…紙幣（日本銀行券）を発行する権利を持つ銀行。

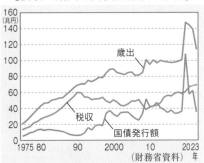

［税収・歳出と国債発行額の推移］

（財務省資料）

2020年度の歳出が急増しているのはどうして！？

その年に新型コロナウイルス感染症が拡大したんだ。ワクチン接種やGoToトラベル事業などに多くの予算が使われたんだ。

メモ □

日本銀行は政府の管理するお金を預かり、出し入れを行っていることから「政府の銀行」、紙幣を発行することから「発券銀行」、民間の銀行にお金を貸し出すことから「銀行の銀行」とよばれている。

注意 ⚠

歳入に含まれる公債金は、国債を発行して得たお金。

オススメの一冊

「財政赤字の正しい考え方　政府の借金はなぜ問題なのか」
（井堀利宏　東洋経済新報社　2000年）

Q　日本が借金まみれってどういうこと？

A 日本は**財政赤字**の状態。**公債を発行し**借金をすることで、不足を補っているが、その額は年々増加している。

公債の発行にはメリット・デメリットがあるのをふまえて、これからの財政について考えていかなければならないね。

おさらいワークの答え：①まかなえていない　②（約）3（割）　③（例）増え続けている。　④ウ　⑤イ　⑥ア　⑦エ

社会のギモン

大統領と内閣総理大臣は何が違うの?

大統領　総理大臣

ハァイ

ペカーーン

あっ

大統領は左ききで総理大臣は右きき!?

…だから何?

大統領も内閣総理大臣も国のトップってことでしょ?
国ごとにより名が違うってだけだと思う!

ページをめくる前に考えよう

ヒント QUIZ

アメリカの大統領選の期間中、人々が熱狂する様子が報道されているよね。日本はどうかな?

日本の内閣総理大臣は、どのように決められているでしょうか?

ア　私たちが選挙で投票して決めている。

イ　選挙で選ばれた国会議員の中から指名される。

※答えは次のページ

A 協調派の内閣総理大臣！
独立派の大統領！

内閣総理大臣は優しくて、大統領は
マイペースってことだね！

そういうことではないんだよなぁ…。

教科書を 見 てみよう！

社会 公民

議院内閣制

中学公民　民主政治

法律を制定する機関（立法）と政治を行う機関（行政）の関係には、大きく2つに分けて、**議院内閣制**と**大統領制**があります。議院内閣制をとる多くの国では、国民に選ばれた議員からなる議会が首相を指名します。大統領制をとるアメリカでは、国民の選挙によって大統領が選ばれます。

つまり、こういうこと

図 **議院内閣制と大統領制**

議院内閣制か大統領制かで役割が少し違う。

・日本は議院内閣制
内閣総理大臣（首相）は政治を行う内閣のトップ。国会議員の中から指名される。内閣は国会に対して連帯して責任を負う。
①衆議院は内閣が信頼できないとき、内閣を辞職させる決議（内閣不信任決議）を行うことができる。
②衆議院の総選挙が行われたとき、内閣は総辞職し、新しい内閣がつくられる。
→内閣と国会が対立しにくい、**密接な**関係。

・アメリカは大統領制
大統領は国民の選挙で選ばれる。議会に対して責任を負わない。大統領は議会の解散権を持たないが、議会が可決した法案を拒否する拒否権を持つ。
→大統領と議会はたがいに独立し、**均衡な**関係。

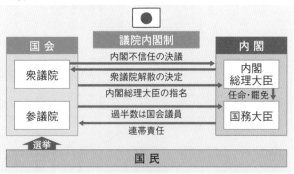

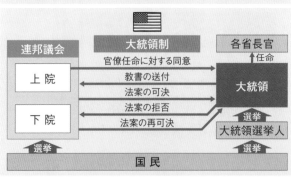

※ヒント QUIZ の答え：イ

書いて身につく! おさらいワーク

1 次の表の [ ] にあてはまる語句として正しい方にそれぞれ◯をつけましょう。

	内閣総理大臣	大統領
選出方法	❶ [議会 ・ 国民] による指名	❷ [議会 ・ 国民] による選挙
議会の解散権	❸ [持つ ・ 持たない]	❹ [持つ ・持たない]
法律の拒否権	❺ [持つ ・ 持たない]	❻ [持つ ・ 持たない]

2 4つの国はそれぞれ、議院内閣制・大統領制・半大統領制のどれにあてはまりますか。あとのヒントをもとに、正しいものに◯をつけましょう。

	議院内閣制	大統領制	半大統領制
❼日本			
❽アメリカ			
❾フランス			
❿イギリス			

ヒント

国会議員は国民が選挙によって直接選ぶけど、内閣総理大臣は国会議員の中から議会によって指名されるよ。

議会の議員と大統領は、それぞれ国民によって直接選挙で選ばれるよ。大統領の選挙があるときは、候補者についての報道が盛んになって、国中が注目するよ。

大統領は国民によって直接選ばれるけど、首相は大統領によって任命されるよ。首相よりも大統領の方が強い権限を持っているよ。

首相は議会の下院で一番議席を持っている党の党首が選ばれるんだ。内閣が議会の信任に基づいてつくられているのは、日本と同じだね。

まとめ

● 立法と行政

・**立法**…国の法律を制定すること。日本では**国会**だけに立法権が
　　　　認められている。

　　　　国会→法律の制定、変更、廃止などを行う機関。日本は衆
　　　　議院と参議院の二院制。

・**行政**…国会が決めた法律や予算に従って、国の仕事を行うこと。
　　　　行政のトップが**内閣**。

　　　　内閣→行政機関の指揮・監督をにない、行政についての責任
　　　　を負う。内閣のトップが首相（日本では内閣総理大臣）。

・**議院内閣制**…内閣は議会に対して連帯して責任を負い、国会の
　　　　　　　信任のもとに成り立っている。議会によって首相
　　　　　　　（日本では内閣総理大臣）が選ばれる。

・**大統領制**…大統領と議会はたがいに独立している。大統領は国
　　　　　　民による選挙で選ばれる。

[議院内閣制と大統領制]

	議院内閣制	大統領制
行政のトップ	首相	大統領
行政のトップの選出方法	議会による指名	国民による選挙

メモ 🗒

議院内閣制では、議会は内閣の不信任決議をする権利を持ち、内閣は議会を解散する解散権を持つが、大統領制では、大統領に議会の解散権はない。大統領は、議会の法案を拒否する拒否権を持つ。

オススメの一冊 📖

「オールカラー マンガでわかる！政治と選挙のしくみ（やる気ぐんぐんシリーズ）」
（木村草太 監修　ナツメ社　2021年）

Q 大統領と内閣総理大臣は何が違うの？

A 大統領は議会から独立して政治を行う。
内閣総理大臣は議会と協調して政治を行う。

大統領制か議院内閣制か、政治のしくみの違いによって、よび方や役割が少し違うんだね。

おさらいワークの答え：①議会　②国民　③持つ　④持たない　⑤持たない　⑥持つ　⑦議院内閣制　⑧大統領制　⑨半大統領制　⑩議院内閣制

社会のギモン

Q 選挙で憲法改正ってよく聞くけど、どうして実現されないの?

憲法第9条の内容と、自衛隊は矛盾しないのか? そもそも改正が必要なのか? などが議論されているんだって。どういうことだろう?

ページをめくる前に考えよう

ヒント QUIZ

日本国憲法は国家の基本法なので、簡単には改正できないようになっています。そのなかでも、とくに大切な3つの基本原理があります。国民主権、基本的人権の尊重、あと1つは何でしょう?

※答えは次のページ

日本の政治		
国民主権	基本的人権の尊重	
国民による政治	個人の尊重	戦争の放棄
3つの基本原理		
日本国憲法		

A 「自衛隊は憲法に違反しない」と政府が説明している上に、改正が難しいから。

「政府が説明している」ってどういうこと？　よくわからないよ。

憲法の平和主義をめぐる解釈が議論になっているんだよ。平和主義っていうのはね…。

教科書を 見 てみよう！

社会 公民

日本国憲法の基本原理

中学公民　日本国憲法

日本国憲法は、国民主権・平和主義・基本的人権の尊重を基本原理としています。国民主権とは、主権を持つのは国民であるという考え方です。平和主義とは、戦争を放棄し、世界の平和のために努力をすることで、日本国憲法の前文と第9条に定められています。基本的人権とは、だれもが生まれながらにして持っている権利のことで、日本国憲法では、平等権、自由権、社会権、参政権などを保障しています。

つまり、こういうこと

憲法改正の議論では3つの基本原理のうち、「平和主義」の解釈が問題になることが多い！

・日本国憲法の平和主義
第9条…戦争を放棄すること、戦力を持たないこと、交戦権を認めないことを定めている。

日本国憲法第9条

1. 日本国民は、正義と秩序を基調とする国際平和を誠実に希求し、国権の発動たる戦争と、武力による威嚇又は武力の行使は、国際紛争を解決する手段としては、永久にこれを放棄する。
2. 前項の目的を達するため、陸海空軍その他の戦力は、これを保持しない。国の交戦権は、これを認めない。

議論1　自衛隊は戦力？
自衛隊…日本を防衛するための組織。

→政府は、「自衛隊は自衛のための最小限度の実力」であって「戦力」ではないため、憲法第9条に違反しないという見解。

議論2　憲法の解釈が変わった？
日本国憲法の第9条と自衛隊の位置づけについて、政府の解釈は何度か変更されている。

大きな解釈の変更
① 1992年のPKO（国連平和維持活動）協力法

→自衛隊の海外派遣は許されないという自衛隊発足以来の解釈が変更され、海外派遣が可能になった。

② 2014年の集団的自衛権に関する閣議決定

→集団的自衛権を認めたことで、自分の国が攻撃を受けていなくても、同盟国が攻撃を受けた場合に反撃することが可能になった。

 ※ヒントQUIZの答え：平和主義

書いて身につく! おさらいワーク

1 日本国憲法の3つの基本原理を表した次の図の [　　] にあてはまる語句を書きましょう。

日 本 の 政 治

❶ [　　　　　] <国民による政治>	❷ [　　　　] の尊重 <個人の尊重>	❸ [　　　　] <戦争の放棄>

3つの基本原理

日 本 国 憲 法

2 次の文章は、平和主義について定めた日本国憲法の条文です。[　　] にあてはまる数字を書きましょう。また、[　　] 内の文字をなぞり、条文を完成させましょう。

第❹ [　　] 条

1. 日本国民は、[正義と秩序] を基調とする [国際平和] を誠実に希求し、国権の発動たる [戦争] と、武力による [威嚇] 又は [武力] の行使は、[国際紛争] を解決する手段としては、[永久に] これを放棄する。

2. 前項の目的を達するため、[陸海空軍] その他の戦力は、これを保持しない。国の [交戦権] は、これを認めない。

● 日本国憲法の基本原理

・国民主権、平和主義、基本的人権の尊重の3つ。

→平和主義は、憲法第9条に定められており、戦力を保持しない
こと、交戦権を認めないことを規定している。

● 憲法改正の手続き

・日本国憲法は国家の基本法なので、一般の法律とは異なり憲法
改正には慎重な手続きが求められる。

[憲法改正の流れ]

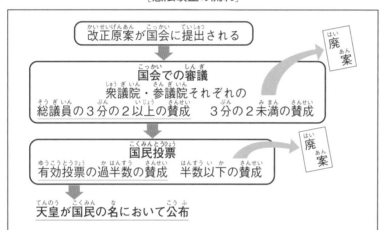

改正原案が国会に提出される → 廃案

国会での審議
衆議院・参議院それぞれの
総議員の3分の2以上の賛成　3分の2未満の賛成 → 廃案

国民投票
有効投票の過半数の賛成　半数以下の賛成 → 廃案

天皇が国民の名において公布

メモ □

日本国憲法の特徴

● 世界で最も変わっていない憲法
日本国憲法は1947年に施行されて以来、70年以
上一度も改正されていない。これは、世界の現行
憲法の中で最も長く、日本国憲法は「非改正で世
界一長寿」の憲法である。

● 短い憲法
日本国憲法を英訳したときの単語数は4998語で、
世界の現行憲法の中ではモナコやアイスランドな
どに次いで5番目に少ない。一方、最も単語数が
多いインドの憲法は14万語以上の単語からなる。

メモ □

● 法律ができるまで
法律案は内閣か国会議員が作成し、国会に提出
する。衆議院・参議院それぞれの委員会で審議し
たのち、本会議で審議・採決される。出席議員の
過半数の賛成で可決となる。

Q 選挙で憲法改正ってよく聞くけど、どうして実現されないの？

A 第9条を改正したら現在の自衛隊がどう変わるかをめぐって、意見が対立しているから。

70年以上変わらなかった憲法を変えてしまうって、ちょっとこわい気もするけ
ど、70年前に決めたことをずっと変えずにいるというのも、それはそれで大丈
夫なの？　って気もする…。いろんな人の意見を聞いて考えてみたいな。

　おさらいワークの答え：①国民主権　②基本的人権　③平和主義　④9

Q　そのプレゼン資料、正しいグラフ使えてる？

プレゼンの資料づくりは苦手！　時間をかけて資料をつくったのに、けっきょく言いたいことが伝わらなくてしょんぼりしてばかりだよ……。

ページをめくる前に考えよう
ヒント QUIZ

１か月分の支出に占める食費の割合を示したいとき、AのグラフとBのグラフ、どちらがわかりやすいでしょうか？

※答えは次のページ

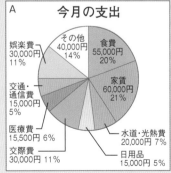

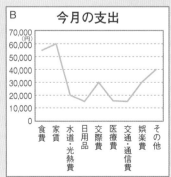

A アナタが伝えたいのは大きさですか？ 割合ですか？ それとも変化？

グラフをつくるときは、いつもきれいな色使いを心がけてるよ！

色使いだけじゃなくて、まずはグラフの種類に気をつかってほしいな…。

教科書を見てみよう！

社会 地理

グラフのつくり方

中学地理 資料の読み取り

●折れ線グラフ

変化を示すのに適しています。複数の折れ線グラフを重ねて、ほかの要素と比較することもできます。

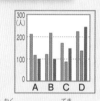

●棒グラフ

大きさや量を比較するのに適しています。折れ線グラフのように、変化を示したいときにも使用できます。

●円グラフ
帯グラフ

割合を示すのに適しています。いくつかの帯グラフを並べて、割合の変化を比較することもできます。

つまり、こういうこと

グラフには複数の種類があり、それぞれ目的が異なる。

次の統計資料を、目的に従ってグラフで示してみる。

年間の肉類・魚介類の購入数量　　　　　（単位：100g）

	1970年	1980年	1990年	2000年	2010年	2020年
魚介類	712.4	699.1	614.6	553.7	433.4	311.5
牛肉	67.8	91.5	108.2	101.3	69.2	72.4
豚肉	140	298.7	172.9	162.2	185	229.9

1．魚介類の購入数量の変化をわかりやすく示したい

→変化を示す＝折れ線グラフを用いるとわかりやすい　　1▷

2．2020年の購入数量を比べたい

→大きさを比較する＝棒グラフを用いるとわかりやすい　　2▷

1 魚介類の購入数量の変化
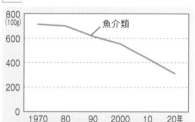

2 2020年の購入数量の比較
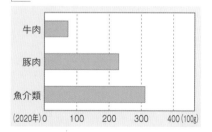

※ヒントQUIZの答え：A

書いて身につく! おさらいワーク

1 次のデータを、グラフに示してみましょう。

❶ ある店のユーザーの内訳を年齢別に円グラフにまとめる。

年齢	人数	割合
19歳以下	465人	26%
20〜25歳	411人	23%
26〜30歳	286人	16%
31〜35歳	179人	10%
36〜40歳	107人	6%
41歳以上	340人	19%

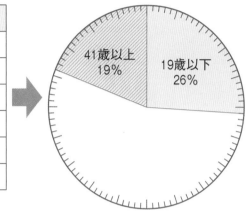

❷ 3つの部門の3か月間の売上の推移を、折れ線グラフにまとめる。

部門	1月	2月	3月
A部門	70万円	70万円	90万円
B部門	70万円	100万円	140万円
C部門	180万円	140万円	130万円

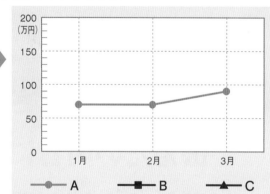

2 プレゼンで次の資料をわかりやすく提示したい時、どのグラフを使うとよいでしょうか。文とグラフの種類を、線でつなぎましょう。

❸ 従業員に対するアンケートの結果について、各回答を選択した人数を示したい

❹ ある支店の1年間の売り上げについて、各月別の売り上げの推移を示したい

❺ ユーザーの年代別構成割合を、現在と10年前とで比較したい

A 折れ線グラフ

B 帯グラフ

C 棒グラフ

49

● グラフは、統計資料のおおまかな内容や傾向をぱっと見て把握できるように、視覚的に表したもの。

種類が複数あるので、それぞれの特徴を理解して目的に合った適切なグラフを使う。

メモ

よく使われる左の4種類のグラフのほかに、散布図、レーダーチャートなどのグラフもある。

[グラフの種類と特徴]

グラフの種類	円グラフ	棒グラフ	折れ線グラフ	帯グラフ
グラフの特徴	割合を示すのに適している。	大きさを示すのに適している。	変化を示すのに適している。	割合を示すのに適している。
具体例	・商品のユーザーの年代別構成割合 ・商品の輸出先の割合	・アンケート調査の結果 ・国別の人口の比較	・月別の売上の推移の比較 ・気温の変化	・支出の内訳の今年と昨年との比較 ・観光客の出身地別の内訳の変化

散布図

レーダーチャート

Q そのプレゼン資料、正しいグラフ使えてる？

A 変化か、大きさか、割合か、伝えたい内容によって、それに適したグラフを使おう。

おさらいワーク①と②は以下のグラフになるよ！

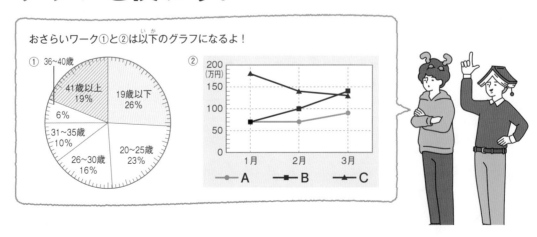

おさらいワークの答え：①②キャラクターふき出し内　③C　④A　⑤B

歴史のギモン

歴史のギモン

Q 結局、邪馬台国は近畿なの？
九州なの？

当時の人がめちゃくちゃデカくて

こうやって生活してたって説はどうだろうか

九州説

近畿説

学校で邪馬台国について学んだとき、所在地が不明で歴史のロマンを感じたなぁ。あれって今どうなっているの？

ページをめくる前に考えよう

ヒント QUIZ

邪馬台国の場所は地図中の　　　の歴史書をもとに議論されています。　　　の国は、現在のどの国に当たるでしょうか？

ア　タイ　イ　韓国　ウ　中国

※答えは次のページ

3世紀の東アジア

倭
（日本）

0　　　1000km

A 探し求めて200年以上経ちました。

まだわかってないの!?
どうしてそんなに決着がつかないの?

近畿説と九州説、どちらとも決めづらい理由があるんだよ。

教科書を見てみよう!

社会 歴史

3世紀の中国と日本

邪馬台国と卑弥呼

中学歴史 弥生時代

邪馬台国の所在地をめぐっては、江戸時代から議論がされています。

有力なのは、近畿地方の大和とする説（近畿説）と、九州北部とする説（九州説）です。近畿説をとると、邪馬台国は九州北部から近畿に至る西日本の広域にわたっていたことになります。一方、九州説をとると、邪馬台国は九州北部を中心とした地域政権だったことになります。

つまり、こういうこと

・**邪馬台国はどんなクニ？**
女王は卑弥呼。まじないによって、30ほどのクニを統治。
弥生時代の3世紀中ごろ、中国の魏に使者を送る。
→「親魏倭王」の称号と金印や銅鏡を与えられる。

・**邪馬台国にはどうやって行くの？** 1
「魏志」倭人伝（中国の歴史書）に邪馬台国までの行程が書かれている。→朝鮮半島南部から奴国まではほぼ確定。
…そこから先のクニがどこにあったかがわかっていない。

・**邪馬台国はどこにある？** 2
九州説…北九州からはクニの範囲がわかるような遺跡が多く発見されている。（吉野ヶ里遺跡など）
近畿説…奈良県で邪馬台国と同時期の3世紀前半の大型の建物跡がみつかる。（纏向遺跡など）
箸墓古墳は卑弥呼の墓と推定されている。

1 邪馬台国への道のり

2 纏向遺跡と箸墓古墳

※ヒント QUIZ の答え：ウ

書いて身につく! おさらいワーク

1 次の問題に答えましょう。

(1) 3世紀の中ごろ、中国に使いを送った邪馬台国の女王はだれですか。❶[　　　　　　　]

(2) (1)の人物が中国の皇帝から与えられた称号は何ですか。❷[　　　　　　　]

(3) 邪馬台国についての記述がある、中国の歴史書は何ですか。❸[　　　　　　　]

2 右の地図を見て、次の問題に答えましょう。

(1) 現在、邪馬台国の所在地として候補に挙げられ

ている2つの地域は、どことどこですか。地図中

のア～エから2つ選びましょう。

❹[　　　　・　　　　]

(2) 邪馬台国の女王が使いを送った国はどこですか。

地図中のオ～クから選びましょう。

❺[　　　　　]

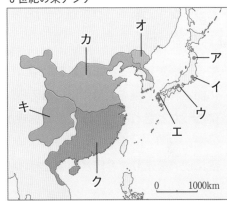

3世紀の東アジア

0　　1000km

3 [　　]内の文字をなぞって、文章を完成させましょう。

●弥生時代になって、稲作が盛んになると、水や土地をめぐって

[ムラとムラの間で]争いがおこるようになりました。

やがて、力をつけたムラが周辺のムラを支配し、[クニ]ができました。

その中の1つが[邪馬台国]です。

●邪馬台国の女王は、[まじない]によって人々を従えていました。女王の墓とい

う説がある奈良県の箸墓古墳は、全長約276mの巨大な[前方後円墳]です。

古墳の形をなぞってみよう!

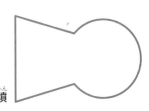

前方後円墳

まとめ

●弥生時代

・紀元前4世紀ごろ、大陸から九州北部に稲作が伝わり、やがて東日本にまで広まる。稲の穂を石包丁でつみとり、高床倉庫で保存した。

…稲作とともに青銅器・鉄器も伝わり、銅鏡や銅鐸がつくられるようになる。飾り気が少なく実用的な弥生土器がつくられた。

・稲作が広まったことで人口が増え、ムラとムラとの間で水や土地を巡る争いがおこるようになり、ムラどうしがまとまってクニができた。

[弥生土器]

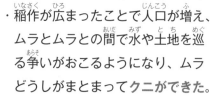

弥生土器は、薄手で赤褐色、縄文土器に比べてかためだったんだ！

●邪馬台国とは

・中国の歴史書「三国志」魏書の中に記された「魏志」倭人伝に伝えられている、3世紀ごろ日本にあったとされる国。女王の卑弥呼がまじないによって治めていた。

・魏に使いを送り、金印と銅鏡を授けられた。

メモ

「漢委奴国王」と刻まれた金印

福岡県の志賀島で、卑弥呼の少し前の時代に中国の皇帝から倭の奴国の王に授けられた金印が発見された。

メモ

「魏志」倭人伝（一部要約）

> 倭人の国は100あまりの小国に分かれており、その中の邪馬台国は30ほどの小国を従え、女王の卑弥呼が治めている。
> 卑弥呼はまじないによって政治を行った。
> 卑弥呼が死ぬと、巨大な墓がつくられ、100人もの奴隷が一緒に埋められた。

Q 結局、邪馬台国は近畿なの？ 九州なの？

A まだ確定していない。「魏志」倭人伝や、古墳などの遺跡から近畿にあったという説と、九州にあったという説が有力。

邪馬台国の所在については現在も議論が続いているんだね。決定的な説が登場するのはいつかな？

歴史のギモン

Q **ドラマで注目の源氏物語…**
宮廷って結局どんな世界なの?

お掃除はこれからだったかしら?

あらあら御簾にホコリが…

このやりとりはきっと平安時代にもあったと思うんだ

※御簾…竹ひごを編んで作ったすだれ。「ぎょれん」と読むこともある。

源氏物語は平安時代の物語だよね。平安時代の宮廷って聞くと、なんとなく女性ばかりが連想されるんだ。どこで刷り込まれたイメージなんだ……?

ヒント QUIZ
ページをめくる前に考えよう

平安時代、現代も使われているあるものが発明されました。
次のうちいったいどれでしょうか?
ア　漢字　　イ　平仮名　　ウ　アルファベット

※答えは次のページ

亜?　あ?　A?

インテリ女性が大活躍してた!

お! もしかしてイメージどおり?
そういえば源氏物語の作者も女性だね。

うんうん。源氏物語の作者は紫式部
だよね。宮廷について、解説するよ!

教科書を 見 てみよう!

社会 **歴史**

国風文化

中学歴史　平安時代

宮廷は一般に天皇の居所を意味しますが、ここでは天皇が皇后やきさきなどと住む生活空間をイメージするとよい
でしょう。国風文化のころ、藤原氏からでた天皇のきさきたちの周りには、教養や才能のある女性たちが集められ、
紫式部の『源氏物語』や清少納言の随筆『枕草子』などの仮名文学が生み出されました。

つまり、こういうこと

源氏物語の舞台は藤原氏の摂関政治の時代。

・摂関政治ってどんな政治? 1
藤原氏は娘を天皇のきさきにし、生まれた子を次の天皇に立
てると、幼い天皇の代わりに政治を行う摂政や、成長した天
皇を補佐する関白という職につき、政治の実権をにぎった。
…藤原道長とその子頼通のころ最も安定した。

・摂関時代の宮廷を彩る国風文化 2
日本の風土や日本人の心情に合った文化であるのが特徴。
→9世紀末ごろに漢字をもとに仮名文字がつくられ、仮名文
字を使った文学作品がつくられた。

・文学の世界で知的な女性が大活躍!
紫式部や清少納言は、天皇のきさきに仕える女性(女房)
で、豊かな教養を身につけていた。
・紫式部は貴族社会を描いた小説『源氏物語』を著した。
・清少納言は宮廷生活の体験を随筆『枕草子』を著した。

1 天皇と藤原氏の関係

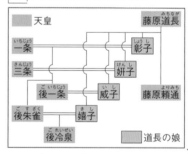

◻ 天皇
藤原道長
一条
彰子
三条
妍子
後一条
威子
藤原頼通
後朱雀
嬉子
◻ 道長の娘
後冷泉

つまり道長は天皇のお父さんやおじい
さんになったわけだね!

2 仮名文字

片仮名の変化

阿 ➡ ア
伊 ➡ イ
宇 ➡ ウ

平仮名の変化

以 ➡ ㆑ ➡ い
呂 ➡ ろ ➡ ろ
波 ➡ は ➡ は

漢字から変化して平仮名と片仮名が
できたのか〜

書いて身につく! おさらいワーク

1 次の問題に答えましょう。

(1) 平安時代、摂関政治によって権力を独占した一族を何といいますか。 ❶ [   ]

(2) 幼い天皇の代わりに政治を行う役職を何といいますか。 ❷ [   ]

(3) 成長した天皇を補佐する役職を何といいますか。 ❸ [   ]

(4) 平安時代に栄えた、日本の風土や日本人の感情に合った文化を何といいますか。

❹ [   ]

2 次の人物の名前を答えましょう。

(1)  私は、藤原氏の娘である皇后・定子さまにお仕えしました。

定子さまにお仕えしていたころの宮廷での体験などを『枕草子』に著しました。

❺ [   ]

(2)  私は、藤原道長さまの娘の、彰子さまにお仕えしました。

私が著した『源氏物語』は、世界最古の長編恋愛小説といわれています。

❻ [   ]

3 次の平仮名と、元になった漢字として正しいものを、線でつなぎましょう。

❼ い ❽ ろ ❾ は ❿ に ⓫ ほ

A 仁 B 呂 C 以 D 保 E 波

まとめ

● 源氏物語の時代

・平安時代の、藤原氏が**摂関政治**によって権力をにぎっていた時代。

・宮廷は天皇やきさきが生活する場所。

・藤原氏は娘を天皇のきさきにし、娘の女官として紫式部や清少納言など教養のある女性たちをつけた。

・宮廷に仕えた女性たちは、**仮名文字**をつかって『源氏物語』や『枕草子』などの傑作をうみだした。

● 国風文化

・中国の文化をもとにしつつ、日本の風土や日本人の気風に合わせて発展した文化。

[国風文化の例]

文学	平仮名・片仮名は日本語や日本人の感情を表すのに適していたため、女性によって数々の仮名文字をつかった文学作品がうまれた。
服装	貴族の女性は十二単、男性は束帯を身につけるようになった。
建築	貴族の邸宅として、寝殿造の様式がうまれた。

メモ ▢

古代の女性の本名は、親と結婚相手にしか知らされなかった。そのため、父親の官職などにちなんだ通名でよぶのが一般的で、紫式部と清少納言も本名ではない。

姓が「藤原」で、「藤式部」とよばれていました。「式部」は父親が式部省の役人だったことに由来すると考えられています。『源氏物語』を書いたことから、登場人物の名にちなんで「紫式部」とよばれるようになりました。

紫式部

清少納言

「清」は姓の「清原」に由来します。「少納言」は官職を表すので、親族の男性のだれかが少納言の役職についていたのでは？　と考えられていますが、はっきりしていません。

Q ドラマで注目の源氏物語…宮廷って結局どんな世界なの？

A 『源氏物語』が書かれたのは藤原氏が権力をにぎっていた時代。天皇やきさきが住む宮廷には、教養や才能のある女性たちが仕えていた。

『源氏物語』の作者の紫式部は、天皇のきさきに仕えていた女性なんだね。
仮名文字ができてから文学作品が盛んに創作されるようになって、『竹取物語』もこの時代につくられたんだよ。

おさらいワークの答え：①藤原氏　②摂政　③関白　④国風文化　⑤清少納言　⑥紫式部　⑦C　⑧B　⑨E　⑩A　⑪D

Q 「1192つくろう鎌倉幕府…」
今は違うってほんと?

「鎌倉時代は(1192)いい国ではなかった」

そう申したか?

貴様…!!

そこになおれ

ほかの年号は覚えられなかったけど「1192つくろう鎌倉幕府!」だけは覚えていたのに! 今は違うなんて嘘だといってくれ〜!

ページをめくる前に考えよう
ヒント QUIZ

鎌倉幕府を開いた人はだれでしょうか? 次の文の◻︎
A・Bにあてはまる言葉を下から選びましょう。

・鎌倉幕府を開いたのは、 A の棟梁である B 。

源氏　平氏　源頼朝　平清盛　※答えは次のページ

このイラストの人が幕府を開いたんだ!

61

いつからなんて決められない…！

はっきりいつって決めてくれ～！

まあまあ、大人の事情があるんだよ。

教科書を 見 てみよう！

社会 歴史

源 頼朝

鎌倉幕府の成立

中学歴史　鎌倉時代

源 頼朝は、全国に守護・地頭をおき、本格的な武家政権である鎌倉幕府を開きました。鎌倉幕府がいつ成立したかについては、諸説あります。頼朝が東日本の支配権を朝廷に認められた1183年、頼朝が守護・地頭をおくことを認められた1185年、頼朝が征夷大将軍に任命された1192年などの説があります。

つまり、こういうこと

反乱軍として出発した頼朝の政権が、徐々に鎌倉幕府として成立していった。

○鎌倉幕府成立までの流れ
1. 挙兵（1180年）
　…平氏打倒のため挙兵。源平の争乱。 資料➡
　→この時点では朝廷から見ると、反乱軍に過ぎなかった。
2. 東日本の支配権を獲得（1183年）
　→東日本の地方政権として朝廷から公認される。
3. 西日本までの支配権を獲得（1185年）
　…同年の平氏滅亡後、朝廷に全国に守護・地頭の設置を認めさせる。 図➡
4. 征夷大将軍に任命される（1192年）
　…朝廷から武家のトップと認められた。

資料 平家物語

祇園精舎の鐘の声、諸行無常の響きあり。沙羅双樹の花の色、盛者必衰のことわりをあらわす。

これは源氏と平氏の争いを書いた「平家物語」の冒頭だよ！

図 守護・地頭の設置

※ヒントQUIZの答え：A 源氏　B 源頼朝

書いて身につく! おさらいワーク

1 次の問題に答えましょう。

(1) 源 頼朝が平氏打倒のために挙兵したのは西暦何年ですか。　❶[　　　　年]

(2) 源氏と平氏の戦いを描いた軍記物を何といいますか。　❷[　　　　　]

(3) 源 頼朝が東日本の支配権を獲得したのは西暦何年ですか。　❸[　　　　年]

(4) 国ごとに設置され、軍事や警察の役割をになった鎌倉幕府の役職は何ですか。

❹[　　　　　]

(5) 荘園や公領ごとに設置され、年貢の徴収などをになった鎌倉幕府の役職は何ですか。

❺[　　　　　]

2 源 頼朝が征夷大将軍になるまでの流れを表した次の図中の[　　]の文字をなぞり、図を完成させましょう。

1159年、[平治の乱]。頼朝の父・義朝が[平清盛]に敗れ、頼朝は伊豆に流される。

約20年間、伊豆で過ごした後、[鎌倉]を本拠地と定めて、平氏打倒のために挙兵。平氏を西へと追い詰める。

1185年、[壇ノ浦]の戦いで平氏をほろぼす。

[1192]年、朝廷から[征夷大将軍]に任じられる。

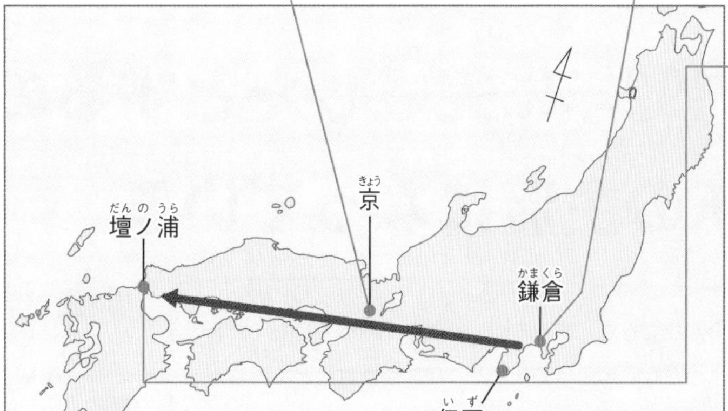

壇ノ浦　京　鎌倉　伊豆

63

まとめ

● 平氏政権

・平安中期以降、朝廷や地方の貴族に仕えて警備を担当する者が**武士**とよばれるようになり、中でも**源氏**と**平氏**が勢力を強める。

・天皇家や貴族の争いに武士も動員され、保元の乱・平治の乱の２つの戦いに勝利した**平清盛**が政治の実権をにぎる。

● 鎌倉幕府が完成するまで

・1180年…**源 頼朝**が平氏打倒のために挙兵。→源平の争乱

・1183年…頼朝に東日本の支配権が与えられる。

・1185年…全国に**守護・地頭**を設置し、西日本に支配を広げる。

・1192年…朝廷が頼朝を**征夷大将軍**に任じる。

● 鎌倉幕府のしくみ

・将軍に忠誠を誓った武士を**御家人**という。

・将軍と御家人は、土地を仲立ちとした**御恩**と**奉公**の関係で結ばれていた。

・将軍の補佐役である執権の地位には、頼朝の妻・政子の実家である**北条氏**が代々ついた。

Q 「1192つくろう鎌倉幕府…」今は違うってほんと？

A 1180年から徐々に組織がつくられていって、1192年に完成したとするのが近年の解釈の主流になっている。

どの段階をもって鎌倉幕府が成立したとするのか、解釈が変わってきたんだね。歴史の教科書って変わりようがないと思ってたけど、研究が進むことで内容が更新されているんだな～。

おさらいワークの答え：①1180 ②平家物語 ③1183 ④守護 ⑤地頭

歴史のギモン

Q 「中東で初のワールドカップ開催」
…中東って何？

〜死海〜
イスラエル・ヨルダンに接した塩湖。
体が浮く。超しょっぱくて苦い。

もしかして
めちゃくちゃ
行ってる？

あとは各地の**モスク**とか
ワディ・シャーブとか
死海とか**カッパドキア**
ぐらいしか分からん

だよなぁ

「中東」って正直
石油のイメージ
ぐらいしか…

中東っていうとサウジアラビアとか、カタールとか…西アジアの国だよね。
…ん？ 日本の西なのになんで中東？ 「中」って何！ 混乱してきた！

ページをめくる前に考えよう
ヒント QUIZ

「中東」と似たような表現で、「近東」「極東」などという表
現があります。「極東」とはどこを指す言葉でしょうか？
ア 東アジア　　イ 北アメリカ　　ウ オセアニア

※答えは次のページ

中東・近東の位置

A ある場所からみて近くも遠くもない東のこと。

なんか、いまいちよくわからないんですけども…。

地図を見るとわかりやすいよ！

教科書を 見 てみよう！ 社会 歴史

極東や中東とはどこの地域か

中学歴史　室町時代

ヨーロッパを中心にして世界をとらえたときに、極東と近東の間に位置する西アジア諸国を「中東」とよびます。このようなよび方は、15世紀以降、ヨーロッパ人が新天地を求めてアジア・アフリカなどに進出していった大航海時代に始まりました。

ヨーロッパが中心の世界地図

つまり、こういうこと

「中東」「極東」という表現は、ヨーロッパからの方角と距離を表す言葉。

・アジアに注目が集まった大航海時代　[地図⇒]

　・ヨーロッパ人が香辛料などを求めてアジア・アフリカなどに進出。アジアへの航路を開く。

　　→ヨーロッパの視点からアジアをとらえるようになる。

・ヨーロッパ人がアジアをざっくり区分け！

　近東（Near East）：ヨーロッパから見て東側の近い位置にあるトルコ周辺のアジア。

　中東（Middle East）：極東と近東の間に位置する西アジア諸国。「近東」と「中東」を合わせて、「中近東」とよぶこともある。

　極東（Far East）：ヨーロッパから見て最も東側にある東アジア諸国→日本も「極東」。

[地図] 大航海時代のアジアへの道

コロンブス	バスコ＝ダ＝ガマ	マゼラン
カリブ海の島に到達。	インド航路を発見。	一行が世界一周を達成。

※ヒント QUIZ の答え：ア

書いて身につく! おさらいワーク

1 次の図は大航海時代の世界地図です。❶、❷、❸の航路を開拓した人物としてあてはまるものを選び、[　　　]に書きましょう。

バスコ＝ダ＝ガマ　　マゼラン　　コロンブス

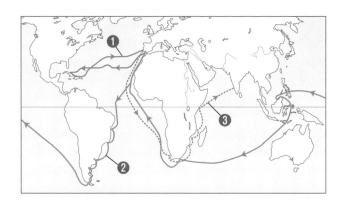

それぞれの航路はどこを通っているだろう?

カリブ海の島々を「インド」と勘違いしちゃったんだよ。

❶ [　　　　　　　　　]

世界一周の夢は部下に託したよ…。

❷ [　　　　　　　　　]

アフリカ南端を回って、インドに到達したよ!

❸ [　　　　　　　　　]

2 次の文の[　　　]にあてはまる語句を選びましょう。

大航海時代　　近東　　中東　　極東

● ❹ [　　　　　　　　　]に、ヨーロッパ人はヨーロッパからの方角と距離によって、アジアを区分けした。

● ヨーロッパから見て東側の近い位置にあるトルコ周辺のアジアは❺ [　　　　　　　　　]、最も東側にある東アジア諸国は❻ [　　　　　　　　　]、❺と❻の間の西アジア諸国は❼ [　　　　　　　　　]とよばれている。

まとめ

●大航海時代

- ヨーロッパ人が香辛料などを求めてアジア・アフリカに進出。
- 羅針盤の実用化、世界地図の作成、航海術の進歩により遠洋への航海が可能に。

[羅針盤]

[世界地図]

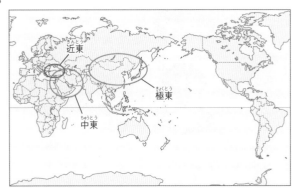

●ヨーロッパ人のアジアの区分け

→ヨーロッパからの方角と距離で近東・中東・極東に区分されている。

近東
極東
中東

メモ☐

　15世紀ごろまでのヨーロッパでは、香辛料は貴重品とされており、肉の防腐剤や薬として利用されていた。

メモ☐

　マゼラン自身は航海の途中で戦死したが、マゼランの部下たちが世界一周に成功した。

オススメの一冊

「おもしろ雑学 世界地図のすごい読み方」
（ライフサイエンス　三笠書房　2021年）

Q 「中東で初のワールドカップ開催」…中東って何？

A ▶ **ヨーロッパから見て、近東と極東の間にあるところ…西アジア諸国のこと。**

ヨーロッパから見たアジアの位置だったんだね！
「近東」「中東」「極東」の位置のイメージがしやすくなったね。

おさらいワークの答え：①コロンブス　②マゼラン　③バスコ＝ダ＝ガマ　④大航海時代　⑤近東　⑥極東　⑦中東

Q 東照宮とか天満宮って何の神社？

・商売繁盛
・無病息災
・モテる
・交通安全
・本当にモテる
・逆に困るぐらいモテる

神社って多すぎてよく分からんのでこんなご利益があるとこあったら教えてください

週一で通わせていただきます

日本には神社や寺がたくさんあるよね。東照宮や天満宮は神社？　寺？　それとも全く違うもの？

ページをめくる前に考えよう
ヒント QUIZ

日本の家の多くに家紋があるように、神社にも神紋があります。東照宮の神紋には、ある家の家紋が使われています。
その家と家紋は右のうちどれでしょうか？

ア　徳川家

イ　織田家

ウ　豊臣家

※答えは次のページ

みんな知ってるあの人をまつっている!

だからだれ!! そういえば受験の年、天満宮に連れて行ってもらったよ。

天満宮は学問の神様として知られているからね! その理由はね…。

教科書を 見てみよう!

社会 歴史

天満宮と東照宮

中学歴史 平安時代・江戸時代

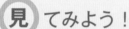

天満宮は、平安時代、藤原氏によって追放された菅原道真をまつった神社で、学問の神(天神)として知られています。東照宮は、江戸幕府を開いた徳川家康をまつった神社です。

大宰府天満宮

久能山東照宮

つまり、こういうこと

学問に優れた人物をまつる天満宮。

・菅原道真(845〜903年)とは…
　学者の家にうまれる。894年に遣唐使に任命されたが、派遣の停止を提案した。優れた能力を認められ、異例のはやさで右大臣まで昇進した。

・まつられている理由(ワケ)…
　道真は藤原氏の計略によって九州の大宰府に追放され、京都に戻ることなく現地で死去。
　→道真の死後、朝廷や藤原氏に不幸が続いたため、道真のたたりをおそれた朝廷は、道真を神としてまつった。天満宮は全国に1万社以上あり、**大宰府天満宮**(福岡県)や**北野天満宮**(京都府)が有名。

道真が梅をこよなく愛したから、梅の名所になっている天満宮も多いんだ!

江戸幕府を開いた人物をまつる東照宮。

・徳川家康(1542〜1616年)とは…
　三河国(愛知県)の戦国大名。幼いころは駿河国の今川義元の人質として過ごした。豊臣秀吉の死後、関ヶ原の戦いで石田三成をたおして実権をにぎった。その後、征夷大将軍に任命され、約270年続く江戸幕府を開いた。

・まつられている理由(ワケ)…
　自分の死期を悟った家康は、死後1年したら日光に小さなお堂を建ててまつるように遺言を残した。
　→家康は死後、朝廷から「東照大権現」の称号を贈られ、神としてまつられた。**日光東照宮**が最も有名。

日光東照宮は、「権現造」という建築様式で豪華な陽明門が見どころの1つだよ!

※答えは次のページ

書いて身につく! おさらいワーク

1 次の問題に答えましょう。

(1) 894年に遣唐使の派遣の停止を提案した人物はだれですか。 ❶ [　　　　　]

(2) (1)の人物は藤原氏の計略によって、どこに追放されましたか。 ❷ [　　　　　]

(3) 1603年に征夷大将軍になったのはだれですか。 ❸ [　　　　　]

(4) 江戸幕府は約何年続きましたか。最も近いものを次から1つ選びましょう。

ア　約230年　　イ　約250年　　ウ　約270年　　エ　約300年 ❹ [　　　　　]

2 次の図を見て、下の [　　　] ❺～❼にあてはまる語句を選びましょう。また、[　　　] ❽～❿の文字をなぞりましょう。

大宰府　　日光　　北野

全国の天満宮・東照宮

❻京都府京都市
❿山口県防府市
❺栃木県日光市
❽静岡県静岡市
❼福岡県太宰府市
❾愛知県岡崎市

❺ [　　　　　]東照宮　　❻ [　　　　　]天満宮　　❼ [　　　　　]天満宮

❽ [久能山]東照宮　❾ [滝山]東照宮　　❿ [防府]天満宮

まとめ

● 菅原道真

・平安時代の学者・政治家。

・894年に遣唐使に任命されたが、派遣の停止を提案した。

・藤原氏の計略によって、大宰府に追放される。

→死後、北野天満宮にまつられ、後に学問の神となる。

● 徳川家康

・三河国（現在の愛知県東部）で生まれる。

・1600年に関ヶ原の戦いで石田三成に勝利する。

・1603年に征夷大将軍となり江戸幕府を開く。

・死後、朝廷から「東照大権現」の称号を贈られる。

→神として、東照宮にまつられる。

［大宰府天満宮の御神牛］　　［日光東照宮の三猿］

大宰府天満宮には牛の像があり、「頭をなでると賢くなれる」といわれているよ！

日光東照宮は「見ざる言わざる聞かざる」の三猿でも有名だね！

Q 東照宮とか天満宮って何の神社？

A 東照宮は徳川家康を、天満宮は菅原道真をまつった神社。

東照宮とか天満宮とかは、まつられている神様によって名前が違うことがわかったよ。神社に参拝するときはどんな神様がまつられているか調べてみるのもいいね！

おさらいワークの答え：①菅原道真　②大宰府　③徳川家康　④ウ　⑤日光　⑥北野　⑦大宰府

Q 東のカツオだし、西の昆布だしはなぜ生まれたの？

東西の
だし分断は
あの戦争で
決定的になった

東の民は
カツオを
西の民は
昆布を手に
戦場へと
向かった…

パンチの効いたカツオだし…まろやかな昆布だし…

どっちかなんて選べません！

ページをめくる前に考えよう
ヒント QUIZ

日本の都道府県のうち、1世帯当たりの年間の昆布の購入額が最も多いのはどこでしょうか？

ア　愛知県　　イ　大阪府　　ウ　富山県

※答えは次のページ

1世帯あたりの昆布の年間購入額

？	1942円
福井県	1499円
青森県	1299円

（『データでみる県勢』2023年版）

おいしい海鮮で有名なところだよ！

A	昆布が旅した道にだしの香りがし
	みついた!?

昆布が旅…？
ちょっと何をいっているのやら…。

ふふふ
江戸時代の昆布は旅をしたのさ。

教科書を 見 てみよう！

社会 歴史

江戸時代の海の運送業

中学歴史　江戸時代

江戸時代、蝦夷地ではにしん漁や昆布漁が盛んでした。また、海上の輸送路として、西廻り航路や東廻り航路が開かれました。西廻り航路では、蝦夷地のにしんや昆布などを、瀬戸内海を通って大阪へと輸送する北前船が、盛んに行き来していました。

江戸時代の航路

―― 東廻り航路
―― 西廻り航路
―― 南海路
―― その他

0　　200km

つまり、こういうこと

昆布だし文化は、昆布の流通経路に広がった！

図 昆布ロード

―― 昆布が運ばれた経路

0　　200km

・昆布だしが西日本に広まった理由 図→

蝦夷地（今の北海道）でとれた昆布は大阪に北前船で運ばれ、西日本に広まった。蝦夷地→大阪・九州・琉球→清（今の中国）へと、昆布が運ばれた経路（通称昆布ロード）には独自の昆布食文化が生まれた。

昆布のおにぎり(富山)

鯖寿司（関西）

クーブイリチー(沖縄)

・カツオだしが東日本に広まった理由

九州や四国で生産されたカツオ節が江戸に運ばれた。
…昆布は西日本で消費されたため、江戸にまでなかなか入ってこなかった。

昆布は昆布ロードを通って清（今の中国）まで輸出され、清からは漢方薬の原料などが輸入されたよ！

※答えは次のページ

書いて身につく! おさらいワーク

1 次の写真の昆布料理が親しまれている都道府県をそれぞれ書きましょう。

❶

クーブイリチー

❷

昆布のおにぎり

[　　　　　] [　　　　　]

2 次の問題に答えましょう。

(1) 江戸時代に蝦夷地でとれた昆布などを西日本に運んだ船を何といいますか。

❸[　　　　　]

(2) 蝦夷地でとれた物品は今の中国にも運ばれていました。このころの中国は何という国でしたか。

❹[　　　　　]

3 次の図は江戸時代の航路を示しています。………線の航路をなぞり、昆布が運ばれた経路を完成させましょう。また、………線の航路の名前を[　　　]に書きましょう。

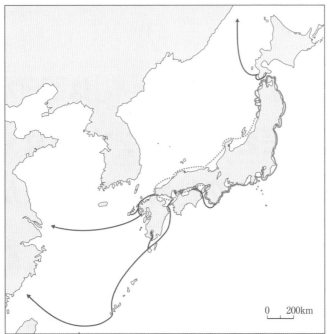

0 　 200km

この航路を通って、蝦夷地でとれた昆布やにしん、鮭や東北の米などが大阪に運ばれたよ。

❺[　　　　　]

75

まとめ

●江戸時代の交通路

- ・**西廻り航路**…日本海側を西廻りに結ぶ航路。
- ・**東廻り航路**…太平洋側を東廻りに結ぶ航路。
- ・**五街道**…江戸の日本橋を起点にのびる道。
  東海道、中山道、日光道中、甲州道中、奥州道中の5つ。大名に参勤交代をさせるために整えられた。
- ・**南海路**…太平洋側を通って、大阪と江戸を結ぶ航路。
- ・**北前船**…主に西廻り航路を通り、蝦夷地と大阪を結んで物品を運び各地で売買した船。
  ※北前船によって運ばれた品
    昆布、にしん、塩、鉄　など
- ・**菱垣廻船、樽廻船**…大阪の物品を江戸へ運んだ船。

北前船はありとあらゆるものを運んだんだ。

> **メモ**
> 関西や瀬戸内地域では北陸地方の日本海沿岸を「北前」とよんだ。

> **メモ**
> 長崎から清に輸出された乾物（干しあわびやいりこなど）は俵に入れられ、「俵物」とよばれていた。

> **オスメの一冊**
> 「ちがいがわかるとおもしろい！東日本と西日本」全3巻（岡部 敬史　汐文社　2022年）

Q 東のカツオだし、西の昆布だしはなぜ生まれたの？

A 江戸時代に北海道でとれた「昆布」は西日本に、九州や四国で生産された「カツオ節」は東日本に運ばれ、それぞれの地域で定着したから。

> 西日本と東日本の好みの違いかと思ってたけど、そんな歴史があったんだね。
> 国内旅行するときは、各地のだしの違いに注目すると面白いかもね！

おさらいワークの答え：①沖縄県　②富山県　③北前船　④清　⑤西廻り航路

歴史のギモン

Q どうしてブラジルには日系の人が多いの？

それは日本から南米までこんな穴が掘ってあって

飛び降りるだけで向こうに行けるからじゃないの？

日本にもブラジル料理のレストランやスーパーがたくさんあるから、関係が深いことは知っていたけど、何でといわれると…困っちゃうな。

ブラジルのサントス市にある像

1998年に建てられた像なんだって！

ページをめくる前に考えよう
ヒント QUIZ

右の写真は、何を記念して建てられた像でしょうか？
ア　ブラジルから見た日本の方角を正確に調査した記念。
イ　日本からブラジルへ移民が上陸した記念。
ウ　ブラジル人と日本人の名前が似ていることがわかった記念。
※答えは次のページ

（外務省ホームページから引用）

A 日本の裏側まで夢を追った人たちがいたから。

ずいぶん遠くまで夢を追いかけたんだね。

そうなんだ。ブラジルに定着するまでは苦難の道のりだったんだ。

教科書を見てみよう！

社会 歴史

南米への移民

中学歴史 明治時代

明治時代以降、海外に移住する人が増加しました。初めのころは、ハワイを含むアメリカに多くの人が移住しましたが、アメリカが移民を制限するようになると、移住先はブラジルなどに変わっていきました。

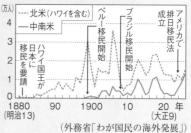

日本からの移民数のうつりかわり

（外務省「わが国民の海外発展」）

つまり、こういうこと

南米への移住は急激な人口増加で移民が推進されたから！

・近代の急激な人口増加と北米への移住　1⇒

明治以降人口が急増し、人口が過剰になってくると、海外への移民が国をあげて積極的に行われるようになった。

→初めのころの主な移住先は北米だったが、多くの人が北米に渡ったためにアメリカが移民を制限。その後移住先は中南米に拡大した。

・とくにブラジルへの移住が多かった理由　2⇒

1908年、初めてのブラジルへの移住が開始。以降、1945年までに約18万人が移住。

・なぜブラジルか…ブラジルでは1888年に奴隷が解放され、コーヒー農園の労働力が不足していたため、日本人は貴重な労働力として受け入れられた。

1 人口の増加

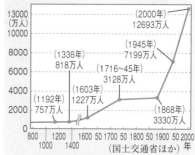

（国土交通省ほか）

1868年から1945年まで、80年もたたないうちに人口が倍増してる！

2 移民をよびかけるポスター

家族での移民をよびかけていたんだね。

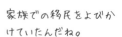

（外務省ホームページから引用）

 ※ヒント QUIZ の答え：イ

書いて身につく！ おさらいワーク

1 明治時代以降、人口が増加した要因として主に次の3つがあげられます。それぞれに関連する資料を線でつなぎましょう。

❶農業生産力の
向上
•

❷工業化による経済発展
•

❸保健・医療等の向上
•

㋐

北里柴三郎が破傷
風の治療方法を発
見した。

㋑

各地で用水路の開発が進められ
た。

㋒

製糸の増産のため、女性が工女として
働いた。

2 [　　] 内の文字をなぞり、文章を完成させましょう。

● 1800年代後半まで、ブラジルでは [奴隷] によってコーヒー豆の栽培が行われていた。

しかし、1888年に奴隷制度が廃止になり、コーヒー農家は他国からの [移民] で労働

力を補うようになった。[移民] を送り出した国の1つが [日本] だった。

● ブラジルで奴隷制度が廃止になったころ日本では、急激な [人口増加] により人

口が過剰になり、その対策として国をあげて海外移住に取り組んでいた。初めのころは、ハワイ

やアメリカ西海岸へ移住する人が多かったが、1900年ごろからアメリカで日本人の移民を排除す

る運動が高まり、日本人の移住先は [ブラジル] をはじめとする南米や、満州

（現在の中国東北部）などに変わっていった。

まとめ

●農村の変化

・日本では1880年代後半から、産業革命が進み資本主義が発展した。農村では農作物の商品化が進み、人々の生活はしだいに豊かになった。

→一方で、せまい土地しか持てず生活が苦しくなった農民の中には、土地を手放して、地主のもとで小作人になるものもいた。

→地主と小作人の間に貧富の差ができた。

●海外への移住

明治期以降、日本国内で十分に暮らしていけなくなる人が増加し、海外への移住がすすめられた。→多くの日本人がアメリカに移住していたが、アメリカが少しずつ移民を制限するようになり、移民先は南米や満州などへ移っていった。

排日移民法…アメリカで1924年に制定された法律。日本からアメリカへの移民が禁止された。

[世界の日系人の数]

ブラジル	約190万人	オーストラリア	約36000人
アメリカ	約166万人	フィリピン	約33000人
カナダ	約12万人	メキシコ	約20000人
ペルー	約10万人	ボリビア	約11000人
アルゼンチン	約65000人	パラグアイ	約10000人

(2022年)　　　　　　　　　　　　　　　　(海外日系人協会)

ブラジルとアメリカに日系人が多いのがわかるね。

(Q) どうしてブラジルには日系の人が多いの？

(A) **明治時代以降、仕事を求めて移住した日本人が多くいたから。**

> 日本とブラジルの距離は約17360km！
> 簡単には帰ってこられないほど遠い場所に移住するのは、すごく勇気のいることだよね。

おさらいワークの答え：①イ　②ウ　③ア

歴史のギモン

Q バブル経済崩壊はもう歴史の教科書にのっているの…？

わしらが50年続けてきた創作ゲーム

「バブル崩壊」が教科書に…？

パンチやキックで楽しくシャボン玉を割る役

えっ…？

自由にシャボン玉を吹く役

ええ！　公民とか政治とか経済とかならわかるけど、もう「歴史」!?
なんか認めたくない気持ち……。

ページをめくる前に考えよう

ヒント QUIZ

もう!?

平成時代の次のことがらのうち、「歴史」の教科書にのっているものをすべて選びましょう。

ア　東日本大震災　　　イ　選挙権年齢の引き下げ
ウ　持続可能な開発目標（SDGs）　　※答えは次のページ

記憶にある時代が、歴史の教科書にのっていると思うと、しみじみするな。

わかるわかる。どんなふうにのっているのか、見てみよう！

教科書を 見 てみよう！

社会 歴史

バブル経済

中学歴史　昭和時代・平成時代

バブルとは泡のことです。経済の実態とかけ離れてふくらんだ、異常な経済状態のことをバブル経済といいます。1980年代後半に日本はバブル経済とよばれる好景気になりました。しかし、1990年代初めにバブルが崩壊すると、長い不況に入り、銀行や企業の倒産が相次ぎました。

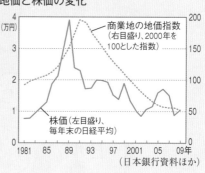

地価と株価の変化

商業地の地価指数（右目盛り、2000年を100とした指数）

株価（左目盛り、毎年末の日経平均）

（日本銀行資料ほか）

つまり、こういうこと

こんなこともすでに「歴史」!?

・頻発する自然災害

図 近年の自然災害

× 主な地震の震源地
▲ 主な火山災害
■ 主な雪害
★ 主な風水害

御嶽山の噴火
つゆの大雨による土砂崩れ
大雪
大雪
東日本大震災
台風や大雨による川のはんらん
雲仙岳の噴火
台風による川のはんらん
阪神・淡路大震災
大雨による土砂崩れ

阪神・淡路大震災…1995年1月に兵庫県南部を中心に発生。
東日本大震災…2011年3月に東北地方太平洋沖で発生。地震と津波により、大きな被害がもたらされた。
→各地で大きな地震・集中豪雨などが頻発。再建と災害対策が課題に。

・民主党の政権交代

2008年、自由民主党（自民党）政権のとき、アメリカの証券会社が倒産。世界的な経済危機を引きおこし、日本経済にも大きな影響が出た（世界金融危機）。
→2009年の衆議院議員総選挙で民主党が自民党に圧勝。民主党政権が誕生した。しかし東日本大震災への対応などで支持率が低下。→2012年の総選挙で自民党が政権回復。

政権交代もすでに歴史の教科書にのっているんだ！ 思ったより最近のことまでのっているんだね

書いて身につく! おさらいワーク

1 平成以降の日本のできごとについて説明した次の文の［　　　］にあてはまる語句を選びましょう。

民主党　　阪神・淡路大震災　　東日本大震災　　自民党

●1995年に兵庫県南部を中心に発生した❶［　　　　　　　　　］や2011年に東北地方の太平洋沖で発生した❷［　　　　　　　　　］など、自然災害が頻発し、災害対策が課題になっている。

●2009年の衆議院議員総選挙で、❸［　　　　　　　　　］が勝利して政権交代がおこった。しかし、❸は国民の期待に応えられず、その次の総選挙で❹［　　　　　　　　　］が政権を奪還した。

2 次のグラフは、日本の1980年代から2000年代までの株価と商業地の地価（指数）を示しています。バブル経済の期間を、グラフ中のア〜エから選びましょう。

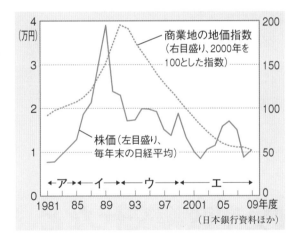

商業地の地価指数（右目盛り、2000年を100とした指数）

株価（左目盛り、毎年末の日経平均）

ア　イ　ウ　エ

（日本銀行資料ほか）

❺［　　　　　］

3 次の2人は、バブル経済のころとバブル経済崩壊後のころのいずれかについて話しています。バブル経済のころのできごとを話しているのはどちらか選びましょう。

給料がいいから、今のうちに車を買っておこうかな。

Aさん

どこの会社も業績が悪くて、就職活動が大変だ…。

Bさん

❻［　　　　　］さん

まとめ

● すでに教科書にのっているできごと

・バブル経済…地価や株価が異常に高くなった好景気のこと。
1990年代初めに崩壊。以降、日本は長期間不況に
なり、企業や銀行の倒産が相次いだ。

・自然災害…1995年の阪神・淡路大震災や2011年の東日本大震災
など。このほかに、熊本・大分・北海道などでも大
きな地震が発生。集中豪雨も各地で発生している。

・世界金融危機…2008年、アメリカの証券会社の経営破綻をきっ
かけに発生した世界的な不況。
世界金融危機の影響もあり、2009年の衆議院議員総選挙で、
野党だった民主党が衆議院の議席の過半数を獲得して第一党に。
→政権交代
→2012年、再び自民党中心の政権に戻る。

・パリ協定…地球温暖化防止に関する国際的な取り決め。すべて
の国に二酸化炭素の排出量の削減を求めた。

・選挙権年齢の引き下げ…2016年の選挙から、選挙権年齢が20歳
以上から18歳以上に引き下げられた。

メモ

持続可能な開発目標（SDGs）

2015年の国連サミットで採択された。2030年ま
でに達成すべき、17の目標と169のターゲット
（達成基準）が示されている。

管理番号：T62110000004

クレジット：https://www.un.org/sustainabledevelopment/
The content of this publication has not been approved by
the United Nations and does not reflect the views of the
United Nations or its officials or Member States

オススメの一冊

「日本史は逆から学べ 近現代史集中講義」
（河合敦　光文社　2018年）

Q バブル経済崩壊はもう歴史の教科書にのっているの…？

A 近年の大きな震災や政権交代など、日本にとって影響の大きいできごとはのっている。

日々のできごとが歴史をつくると思ったら、ニュースの内容にも興味が深まり
そうだな。新型コロナウイルスのことが教科書にのる日も近いかも。

　おさらいワークの答え：①阪神・淡路大震災　②東日本大震災　③民主党　④自民党　⑤イ　⑥A（さん）

ニュース
のギモン

ニュースのギモン

Q 冷戦（れいせん）って結局（けっきょく）何（なに）が冷（つめ）たいの？

戦争（せんそう）なのに、冷（つめ）たいってどういうことなんだろう。
もしかして、「温戦（おんせん）」もあるんだろうか…？

ページをめくる前に考えよう
ヒント QUIZ

「火花を散らす」とか、「熱戦」とか激しく争うことを表す言葉に共通するのはどんなこと？

武器（ぶき）を使（つか）って戦（たたか）う戦争（せんそう）を、英語（えいご）で何（なん）というでしょうか？

ア hot war

イ cold war

ウ dangerous war

※答えは次のページ

熱い炎は冷たく見える、みたいな感じ。

あーあの、青い炎は赤い炎より温度が高いってやつ…？

ふふふ。ややこしい状態なので、少々はぐらかしてみました。

教科書を 見 てみよう！

社会 歴史

冷たい戦争

中学歴史　昭和時代

第二次世界大戦後、世界の国は、アメリカを中心とした資本主義諸国（西側陣営）と、ソビエト社会主義共和国連邦（ソ連）を中心とした社会主義諸国（東側陣営）とに分かれて対立しました。この激しい対立は、アメリカとソ連が直接戦火を交えなかったことから、冷戦（冷たい戦争）とよばれました。西側は1949年に北大西洋条約機構（NATO）を、東側は1955年にワルシャワ条約機構という軍事同盟をつくりました。

つまり、こういうこと

アメリカとソ連は、直接戦争はしなかったが、各地の争いに影響を与えた。

ドイツが東西に分裂
西ドイツ…資本主義国
東ドイツ…社会主義国
→首都のベルリンも東西に分割。のちにベルリンの壁が建設される。

東西ドイツとベルリン

オランダ　　0　200km
ベルリン　ポーランド
東ドイツ　ベルリンの壁
西ドイツ　東ベルリン
西ベルリン
0　10km

キューバ危機
ソ連がキューバに建設したミサイル基地をめぐって、アメリカとソ連が対立。

太平洋
アメリカ
日本
キューバ
ソビエト連邦
中国　ベトナム
大西洋
インド洋

アメリカとその同盟国　ソ連とその同盟国　★冷戦に関連するできごと

朝鮮戦争
ソ連・中国…北朝鮮を支援
アメリカ…韓国を支援
→現在も休戦が続く

ベトナム戦争
ソ連・中国…北ベトナムを支援
アメリカ…南ベトナムを支援
→1976年にベトナム社会主義共和国が成立

※答えは次のページ

書いて身につく！ おさらいワーク

1 次の年表の［　　　　］にあてはまる語句を選びましょう。また［　　　　］内の文字をなぞり、年表を完成させましょう。

ワルシャワ条約機構　　ベトナム　　ベルリンの壁　　北大西洋条約機構　　ソ連

年	できごと
	西側　　　　　　　　　　　　　　　　　　　　　　東側
1949	❶［　　　　　　　　　　　　　　　　］（NATO）を結成する 資本主義の［西ドイツ］が成立　　　　社会主義の東ドイツが成立
1950	アメリカが支援→韓国→朝鮮戦争←［北朝鮮］＜ソ連・中国が支援
1953	朝鮮戦争が休戦となる
1955	❷［　　　　　　　　　　　　　　　　　　　　　　　　　　　　　］を結成する
1960	アメリカが支援→南ベトナム→ベトナム戦争←北ベトナム＜ソ連・中国が支援
1962	キューバ危機 ソ連の動きを受け、アメリカが海上を封鎖　　　ソ連がキューバにミサイル基地建設 キューバ危機で大国同士の緊張が高まり、核戦争の一歩手前とまでいわれていたんだ。
1975	❸［　　　　　　　　　　　　　　　］戦争終戦
1976	南北ベトナムが統一される
1989	東ドイツにある❹［　　　　　　　　　　　　］が崩壊 アメリカとソ連の首脳がマルタ会談で冷戦の終結を宣言
1990	東西ドイツが統一される
1991	ソ連解体以降、東側諸国の多くが社会主義から資本主義になったんだ。グローバル化も進んだよ。　　　❺［　　　　　　　　　　　］解体。構成していたロシアや［ウクライナ］、ベラルーシなどが独立する

まとめ

● **冷戦とは**

・アメリカ中心の資本主義陣営（西側）とソ連中心の社会主義陣営（東側）の激しい対立。
 →西側諸国は北大西洋条約機構（NATO）を結成した。
 →東側諸国はワルシャワ条約機構を結成した。

● **冷戦の影響**

・朝鮮戦争…北朝鮮が南北統一をめざして韓国に侵入した。アメリカ側が韓国を、ソ連・中国側が北朝鮮を支援。1953年に休戦。

・ベトナム戦争…アメリカ側が南ベトナムを、ソ連・中国側が北ベトナムを支援。戦争が激化し、世界各地で反戦運動がおこったためアメリカ軍がベトナムから撤退。南ベトナム政府が降伏して終結。

● **冷戦の終わり**

・ソ連が経済を回復させるため、西側の国々との関係の改善を試みたのがきっかけとなった。

・1989年にベルリンの壁が取り壊され、マルタ会談で冷戦の終結が宣言された。翌年、東西ドイツが統一。

・1991年にソ連解体。ロシアなどの共和国が独立した。

 冷戦って結局何が冷たいの？

A # アメリカとソ連は激しく対立したが、核兵器による衝突を避けるため、戦火の出る戦争をしなかった。

冷戦終結後、ヨーロッパではEU（ヨーロッパ連合）が発足し、経済面などでの協力が進んでいるんだ。

メモ □

アメリカが「西側」の理由

ヨーロッパ中心の地図で見ると、アメリカが西、ソ連が東に位置しているから。

メモ □

朝鮮戦争

中国　北朝鮮　平壌　パンムンジョム板門店　ソウル　韓国　金山

休戦協定による軍事境界線
北緯38度線（戦争前の境界）

それぞれの進路
→ 北朝鮮軍
→ 国連軍
→ 中国義勇軍

0　200km

メモ □

ソ連は複数の国から構成された多民族国家。

おさらいワークの答え：①北大西洋条約機構　②ワルシャワ条約機構　③ベトナム　④ベルリンの壁　⑤ソ連

ニュースのギモン

Q 中国と台湾で何がおこっているの？

よくニュースになっているよね。緊張状態が続いているのはわかっているんだけど、どうして？　と言われると説明できない…かも……。

ページをめくる前に考えよう
ヒント QUIZ

右は、アジアの国々の地図です。
このうち、中国はどこにありますか？

※答えは次のページ

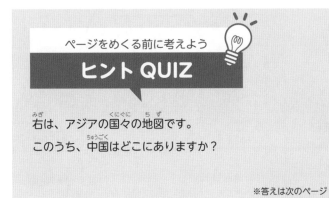

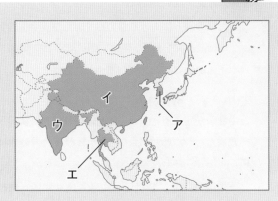

近くて遠い関係は難しい……。

近くて遠い…
そういうことって、あるよね。

今回はずいぶん物わかりがいいね。

教科書を　見　てみよう！

社会　歴史

建国を宣言する毛沢東

新しい中国の成立

中学歴史　昭和時代

第二次世界大戦後、中国では、蔣介石が率いる国民党と、毛沢東が率いる共産党の間で内戦が再発しました。共産党が勝利し、1949年に毛沢東を主席とする中華人民共和国（中国）が成立しました。一方、蔣介石が率いる国民党は台湾に逃れました。

つまり、こういうこと

流れを追うと複雑化している理由がわかる。

・2つの政党の成立
中国国民党…孫文が創設。三民主義を掲げる民主主義政党。
中国共産党…社会主義政党。
　→国家の統一に向けて協力していたが、中国国民党が中国共産党を弾圧。南京に国民政府をつくる。
　　…内戦状態に。

・日中戦争で再び協力
日中戦争が始まると2つの政党は再び協力（抗日民族統一戦線）。日本が敗戦し、戦争が終わると再び内戦状態に。
　→中国共産党が勝利し、中華人民共和国（現在の中国）が成立。　中国国民党は台湾に逃れる。

1912年中華民国が成立
↓
混乱が続く各地で
軍事政権が対立

1919年　中国国民党成立　三民主義
協力！
統一政権を
めざすぞ！
1921年　中国共産党成立　社会主義

国民政府
をつくる
1927年
弾圧
蜂起を
試みたが
失敗した…！
内戦へ…

日中戦争
1937年
協力して
日本に
対抗するぞ！
敗　VS　日本

アメリカが支援　内戦へ…　ソ連が支援
↓　　　　　　　　　↓
台湾へ逃れる　　　中華人民共和国成立
（首都：北京）
1949年

書いて身につく！ おさらいワーク

1 次の問題に答えましょう。

(1) 辛亥革命を指導し、1919年に中国国民党を創設した人物はだれですか。❶[　　　　　　]

(2) 中国国民党が掲げていた政治思想を何といいますか。❷[　　　　　　]

(3) 中国共産党を率いて、中華人民共和国の初代主席となった人物はだれですか。

❸[　　　　　　]

2 次の年表の[　　　]にあてはまる語句を選びましょう。また、[　　]内の文字をなぞり、年表を完成させましょう。

日中戦争　　中国共産党　　国民政府

年	できごと
1927	蔣介石が協力関係にあった中国共産党を弾圧し、南京に❹[　　　　　　　　]をつくる
1937	→中国国民党　VS　中国共産党　の内戦がおこる 日本軍が中国軍を攻撃（＝盧溝橋事件）→❺[　　　　　　]開戦 →中国国民党と中国共産党は[抗日民族統一戦線]を結成 →協力して日本に対抗
1945	第二次世界大戦終結 中国国民党　VS　中国共産党　内戦が再び始まる
1949	❻[　　　　　　　　]が勝利 中華人民共和国が成立 （首都は北京） →敗北した国民党は[台湾]へ…

北京・南京・台湾の場所

北京
南京
台湾

93

まとめ

◉ 辛亥革命

・三民主義を唱えた孫文が「中華民国」の建国を宣言。
　中華民国の臨時大総統となった袁世凱の独裁政権により、国内
　の政治が混乱。

◉ 国民党と共産党の動き

・中国国民党と中国共産党が協力し、国内統一をめざす。
・孫文の死後、国民党を率いた蔣介石が共産党を弾圧し、南京に
　国民政府を樹立。→共産党と国民党で内戦がおこる。

◉ 日中戦争

・日本軍が中国軍を攻撃（盧溝橋事件）。
　→このできごとをきっかけに日中戦争が始まる。
・日本と戦うため、国民党と共産党は内戦を停止し、抗日民族統
　一戦線を結成。

◉ 第二次世界大戦後の2党の動き

・終戦後、中国国内で再び内戦がおき、毛沢東率いる共産党が勝
　利。「中華人民共和国」が成立。
・敗れた国民党（中華民国）は台湾に渡った。

メモ 🗂

三民主義とは
三民主義とは民族の独立、民権の伸張、民生の安定を原則とした考え方のこと。

孫文

メモ 🗂

国連の「中国」は昔と現在で違う国？
国際連合が発足した1945年に加盟していたのは「中華民国」。しかしその後、1949年に成立した「中華人民共和国」を国家承認する国々が増え、1971年に中華民国と入れ替わる形で国連に加盟した。

中国と台湾の政治は現在もそれぞれ独立しているんだ。中華人民共和国は事実上の共産党一党支配体制。一方、台湾では民主主義政治が行われているよ。

Ⓠ 中国と台湾で何がおこっているの？

Ⓐ ▶ **「一つの中国」として統一したい中華人民共和国と、すでに独立国家であると主張する台湾で対立が続いている。**

中国と台湾の対立は、20世紀以降の歴史が大きく関係しているんだね。現在も中国軍が台湾周辺で軍事演習を行うなど、緊張状態が続いているんだ。

おさらいワークの答え：①孫文　②三民主義　③毛沢東　④国民政府　⑤日中戦争　⑥中国共産党

ニュースのギモン

Q どうしてイスラエルとパレスチナ
は問題を抱えているの?

東京2020オリンピックでは
難民選手団を含めて、
206の国と地域が参加しました!

地域?

このテーマもよくニュースになっているのを目にするよ。
こちらも説明してといわれると…ごにょごにょ……。

ページをめくる前に考えよう
ヒント QUIZ

一度言ったことをなかったことにしたり、相手によっていう
ことを変えたりすることを何といいますか?
ア 巻舌　イ 二枚舌　ウ 猫舌

※答えは次のページ

A どちらも約束を守ってほしいだけ！

この問題には、ある国の約束がふか〜く関係しているんだ。

ほほう。これまたふか〜い事情がありそうだね。

教科書を 見 てみよう！

社会 歴史

イスラエルの成立とパレスチナ問題

中学歴史 現代

ユダヤ人はヨーロッパで深刻な差別を受けていました。19世紀末、古代にユダヤ人の国があったパレスチナの地に、再びユダヤ人の国をつくろうという運動（シオニズム）がおこりました。しかし、パレスチナには長年、イスラム教徒であるアラブ系のパレスチナ人が住んでいました。第一次世界大戦中にイギリスがパレスチナ人とユダヤ人のそれぞれに建国の支援を約束したことをきっかけに、両者の対立が発生し、現在もなお解決していません。

つまり、こういうこと

1948年のイスラエル建国以降、対立が続き何度も戦争がおきている。

・現在までの対立の流れは？

第二次世界大戦後、パレスチナの領有をめぐるパレスチナ人とユダヤ人の対立に国連が介入。

```
          国連：パレスチナ分割案
 有利                          不利
 ☺ ユダヤ人  ←→ 対立 →  パレスチナ人
                         とアラブ諸国 ☹
   ↓                        ↓
 イスラエル建国を          イスラエル建国に
 宣言                      反発
          ＼第一次中東戦争／
   ↓                        ↓
 イスラエルは独立を        多くの
 維持                      パレスチナ人が
                           難民に
     …以後何度も戦争がおこる
     （第二〜四次中東戦争）
```

・どうしてなかなか解決できないの？
問題1：イェルサレムの帰属先。

イェルサレムは、ユダヤ教・イスラム教・キリスト教の聖地が集まる場所。 イスラエルもパレスチナもイェルサレムを首都にすることを希望している。

問題2：パレスチナ難民の帰還先。

中東戦争で多くのパレスチナ人が難民となった。その帰還をめぐって対立している。

地図 イスラエルとパレスチナの位置

※ヒント QUIZ の答え：イ

書いて身につく! おさらいワーク

1 次の年表の[   ]にあてはまる語句を選び表を完成させましょう。

パレスチナ　　イスラエル　　アラブ　　イギリス　　　パレスチナ分割案

年	できごと	
19世紀末	**ユダヤ人側** シオニズム運動がおこる	**パレスチナ人（アラブ系）側**
	❶[ ]	[ ]の多重外交
第一次世界大戦中	対ユダヤ人 パレスチナに国をつくることを約束	対アラブ人 オスマン帝国領内に国をつくることを約束
第二次世界大戦後	国連総会で❷[ ]	[ ]が可決
1948	❸[ ]建国を 一方的に宣言	

中東戦争

第一次中東戦争（1948年）

原因：[❸]建国による❹[   ]諸国の不満

結果：多くの❺[   ]人が難民になる

…1973年の第四次中東戦争まで戦争が繰り返される

年	できごと
1973	
1993	パレスチナ暫定自治協定 イスラエル占領地でのパレスチナ人の自治が認められる
2023年現在	両者間の対立は現在も続いており、和平交渉の進展が見られない

●パレスチナ問題

・パレスチナにはアラブ系のパレスチナ人が住んでいたが、19世紀末に約2000年前までユダヤ人の国があったパレスチナの土地に再びユダヤ人の国をつくろうとするシオニズム運動がおこる。

●第一次世界大戦中

・戦争を有利に運びたいイギリスがオスマン帝国の支配下にあったアラブ人と、大きな資本力を持つユダヤ人それぞれに建国を約束。
→イギリスの約束の矛盾（二枚舌外交）から両者の対立が発生

●第二次世界大戦後

・パレスチナ分割案…1947年、国連総会で可決。「パレスチナ全人口の3分の1の人口であるユダヤ人に、パレスチナの土地の約6割を与える」→パレスチナ人側は拒否。
・1948年、ユダヤ人が**イスラエル**の建国を宣言。
　→**第一次中東戦争**が発生。→イスラエルの勝利。パレスチナ難民の発生。
　…以後、戦争が繰り返される。（第二〜四次中東戦争）
・その後、暫定自治協定、停戦などが成立した時もあったが、現在も両国間の対立は続いている。

イェルサレムの帰属問題

　イェルサレムの旧市街には、ユダヤ教の「嘆きの壁」、イスラム教の「岩のドーム」、キリスト教の「聖墳墓教会」の3つの宗教の聖地があり、イェルサレムがどこに帰属するのかが争点の1つとなっている。

イェルサレムの旧市街

Q どうしてイスラエルとパレスチナは問題を抱えているの？

A 第一次世界大戦中のイギリスとの約束を背景に、問題が複雑になっているから！

パレスチナ問題の背景には、両国のそれぞれの思いがあったんだね。
今どのような問題がおきているのか、ニュースなどでチェックしておこう。

おさらいワークの答え：①イギリス　②パレスチナ分割案　③イスラエル　④アラブ　⑤パレスチナ

ニュースのギモン

Q イスラム教徒向けの醤油ってどういうこと？

イスラム教徒でも安心！

ハラール
しょうゆ

えっへん

イスラム教の人でも使える醤油があるってウワサを聞いたんだ！
どんなものなのか、気になる〜〜！

ページをめくる前に考えよう
ヒント QUIZ

イスラム教徒は、日常生活の決まりごとを守りながら生活しています。右のイラストのうち、イスラム教徒がしないことはどちらでしょう。　　※答えは次のページ

A

お酒を飲む

B

コーヒーを飲む

A これぞまさに、食のバリアフリーや!

食のバリアフリー、つまりどんな人でも食を楽しめるように、ってことだよ。

イスラム教徒にとって、醤油は楽しめないものだったのか…?

教科書を 見 てみよう!

社会 地理

イスラム教の決まり

中学地理　世界地理

イスラム教では、一般的に豚肉を食べることと飲酒は禁止されています。イスラム教徒が安心して食事ができるように、イスラム教の決まりを守った料理にはハラル認証のマークがつけられています。

ハラル認証のマークのある場所

つまり、こういうこと

イスラム教徒向けの醤油とは、イスラム教徒が安心して使える醤油のこと!

・イスラム教で禁止されている食べ物 1
・豚肉、血の残った肉、アルコールなど
→イスラム教徒は、食べ物のほかにも、寄付や断食など、日常生活の中の決まりごとを守りながら生活している。
イスラム教の決まりのもとで許される物事をハラルという。

・ふつうの醤油とハラル醤油は何が違う?
・一般的な醤油には製造の過程でアルコールが含まれる。
→イスラム教徒は口にすることができない。
・ハラル醤油:ハラル認証を受けた醤油。アルコールが発生しない製法でつくられる。

1 イスラム教の決まりの例

1日に5回お祈りをする

豚肉を食べない

飲酒をしない

食事は右手で

年に1回断食の月

ハラル醤油のおかげでイスラム教徒も、寿司などの日本の伝統的な食文化を楽しめるようになったんだ!

 ※ヒントQUIZの答え:A

書いて身につく！ おさらいワーク

1 次の図は、キリスト教、イスラム教、ヒンドゥー教、仏教のおおまかな分布を表しています。
イスラム教の分布にあてはまる記号を答えましょう。

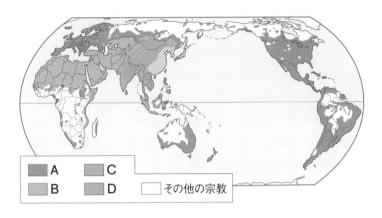

A
B
C
D
その他の宗教

世界で、信仰している
人の数が最も多いの
はキリスト教だよ。

❶ [   ]

2 次の文章について、正しい方に○をつけましょう。

● 世界の三大宗教は、イスラム教、キリスト教、❷ [ヒンドゥー教 ・ 仏教] です。

● イスラム教徒は、1日に5回❸ [お祈り ・ 沐浴] を
します。

沐浴とは、
体を清めることだよ。

● イスラム教では、飲酒や❹ [豚肉 ・ 牛肉] を食べることが禁止されています。

● ハラルとは、イスラム教の決まりのもとで❺ [許される ・ 許されない] 物事のことです。

3 次の3つのカードはそれぞれどの宗教を表していますか。あてはまる宗教の名前を書きましょう。

カードA

経典は「聖書」です。
食事の前にお祈りをし、日
曜日には教会へ行きます。

カードB

経典は「コーラン」です。
金曜日は休日で、モスクに
集まってお祈りをします。

カードC

経典は「経」です。
一部の地域の教徒は、日常
的に僧侶に寄付をします。

❻ [   ]教 ❼ [   ]教 ❽ [   ]教

まとめ

世界の三大宗教

	経典	分布の中心	特長
キリスト教	聖書	ヨーロッパやアメリカ	世界で最も信者が多い。
イスラム教	コーラン	西アジア、中央アジア、東南アジアが中心	日常生活に細かい決まりがある。
仏教	経	東南アジアから東アジア	日本の文化に大きく影響。

[世界の宗教分布]

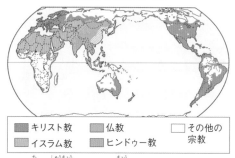

- ■ キリスト教
- □ イスラム教
- ■ 仏教
- ■ ヒンドゥー教
- □ その他の宗教

その他の宗教：ユダヤ教など

イスラム教以外の宗教の決まりごと～食べ物～

ヒンドゥー教…牛は神の使いなので、牛肉を食べてはいけない。
ユダヤ教…豚肉、貝類、乳製品と肉類を組み合わせたものなどは禁止。

> **メモ**
>
> **日本と宗教**
>
> 日本の年中行事や生活様式には、様々な宗教が関わっている。
>
> （例）大晦日の除夜の鐘は仏教の行事で、初詣は神道の行事。私たちが当たり前に楽しんでいる行事や文化のルーツがどこにあるのかたどってみると、日本は様々な宗教を受け入れているということに気づく。

> **メモ**
>
> **仏教徒向けの食べ物～精進料理～**
>
> 精進料理とは、「仏道修行に励む者のための食事」のこと。
>
> 精進料理には、素材に植物性食品を使い、肉食を避ける決まりがある。精進料理は今もお盆のお供え物として用意されることが多く、最近では健康食としても注目されている。

Q イスラム教徒向けの醤油ってどういうこと？

A イスラム教徒でも安心して使うことのできる「ハラル認証」を受けた醤油のこと。

> イスラム教徒に安心して食べてもらうようにする取り組みの1つだったんだね！
> いろいろな宗教の決まりごとを知って、生活の多様性を学んでいこう！

おさらいワークの答え：①B　②仏教　③お祈り　④豚肉　⑤許される　⑥キリスト（教）　⑦イスラム（教）
⑧仏（教）

ニュースのギモン

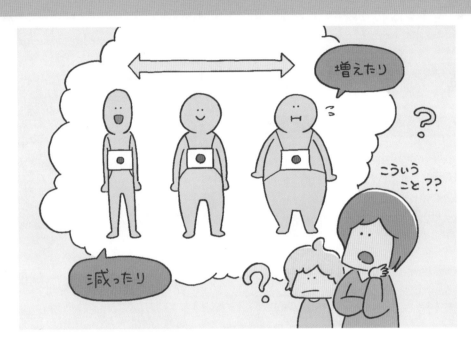

増えたり

こういうこと？？

減ったり

日本列島が大きくなったり小さくなったりしているっていうこと!?
国の面積ってどんなときに増えるんだろう。

ページをめくる前に考えよう
ヒント QUIZ

2022年の国土地理院の調査で、それまで約7000島とされていた日本の島の数が変わりました。約何島になったでしょうか。

ア　約5000島　　イ　約9000島
ウ　約12000島　　エ　約14000島　　　※答えは次のページ

島じゃない！

55メートル

島！

100メートル

自然にできた陸地のうち、外周が100メートル以上の陸地を島として数えたんだって！

103

大地もめきめき成長中!?

国の面積が変わることなんてある!?
戦争をしたわけでもないのに…?

戦争で侵略したりされたりする以外にも、
国土面積が変わることがあるんだよ。

教科書を 見 てみよう！

社会 **地理**

噴火する西之島

新しく広がった国土

中学地理　日本地理

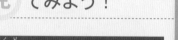

小笠原諸島の西之島新島は、2013年から続く噴火によって拡大し、となりの西之島と合体しました。
西之島の拡大により、国土面積と排他的経済水域が拡大することになりました。

つまり、こういうこと

火山の噴火や、波による侵食などの自然現象によって、面積は毎年変動している。

・成長を続ける島、西之島　　　　1
　2013年11月、約40年ぶりに噴火し、新しい島が出現。西之島と合体して、面積が拡大した。現在も火山活動が続いている。
　2018年12月時点の面積は2.89km²。
　→噴火前の約10倍に拡大

・失ってはいけない！　沖ノ鳥島　　2
　日本最南端の島。現在は高さと幅ともに数mしかなく、日本政府は波の侵食から島を守るために護岸工事を行った。
　→沖ノ鳥島がなくなると、日本の国土面積（約38万km²）以上の排他的経済水域が失われる。

1 西之島の面積の変化

西之島新島

西之島の形状
― 噴火前の西之島
▨ 2013年11月20日
☐ 2017年8月20日

0　500km

（海上保安庁資料）

約4年で9倍の大きさになっている！

2 日本の領域

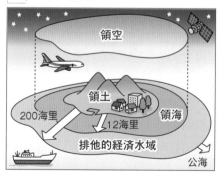

領空

領土

領海

200海里

12海里

排他的経済水域

公海

書いて身につく! おさらいワーク

1 次の文の [　　　] にあてはまる語句を選びましょう。

排他的経済水域　　領空　　西之島　　沖ノ鳥島　　火山活動

● 小笠原諸島にある❶ [　　　　　　　] は、❷ [　　　　　　　　] によって面積が拡大した。

● 日本最南端の島である❸ [　　　　　　　　　] が失われれば、日本は国土面積以上の❹ [　　　　　　　　　] を失うことになる。

● 日本の領域は、領土、領海、❺ [　　　　　　　　　] からなる。

2 次の図の [　　　] にあてはまる語句や数字を選び、図を完成させましょう。

領土　　領海　　領空　　排他的経済水域　　12　　200

❻ [　　　　　　　　　]

❼ [　　　　　　　　]

❽ [　　　　　　

❾ [　　　　　　　　　　　　]

❿ [　　　　　　] 海里

⓫ [　　　　] 海里

公海

日本の領域

・領土、領海、領空からなる。
　領土…国が領有する陸地と、陸地に囲まれた川や湖。
　領海…領土の沿岸から12海里の範囲。
　領空…領土と領海の上空。
・排他的経済水域…領海の外側で、領土の沿岸から200海里まで
　　　　　　　　　の水域。沿岸の国が水産資源や鉱産資源を利
　　　　　　　　　用する権利を持つ。

日本の東西南北の端

東の端…南鳥島（東京都）
西の端…与那国島（沖縄県）
南の端…沖ノ鳥島（東京都）
北の端…択捉島（北海道）

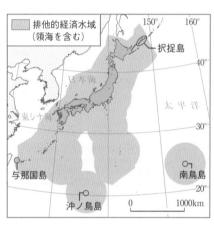

凡例：排他的経済水域（領海を含む）
択捉島／与那国島／南鳥島／沖ノ鳥島
日本海／太平洋／東シナ海
150° 160° 40° 30° 20°
0　1000km

メモ

日本の排他的経済水域

日本は島国で、離島も多いため、国土面積のわりにかなり広い排他的経済水域を持っている。

主な国の領土と領海・排他的経済水域の面積

カナダ　470万km²　国土の面積 998万km²
排他的経済水域（領海を含む）
アメリカ　762　983
日本　38　447
ニュージーランド　27　483

注意 ⚠

自然現象だけでなく、海岸の埋め立て工事などによって陸地の面積が増えることもある。

Q 国土の面積が刻々と変わっているってほんと？

A 自然現象によって島が増えたり減ったりすることで、国土面積は増えたり減ったりしている。

沖ノ鳥島は、波による侵食だけではなく、地球温暖化による海面上昇によって水没してしまう危機にもさらされているんだ。地球環境に配慮することは、国の領土を守ることにもつながるんだね。

おさらいワークの答え：①西之島　②火山活動　③沖ノ鳥島　④排他的経済水域　⑤領空　⑥領空　⑦領土
⑧領海　⑨排他的経済水域　⑩12　⑪200

ニュースのギモン

Q 日本の領土に関する問題が絶えずニュースで流れるのはなぜ?

学生のころに習わなかった島の話を、よく聞くようになったよね。
正直、どこにあるかわかってないんだ…。

ページをめくる前に考えよう
ヒント QUIZ

国の領域を構成する3つの要素は何でしょう?
右の図のA・B・Cにあてはまる語句を答えましょう。

104ページに出てきた内容の
復習だね!

※答えは次のページ

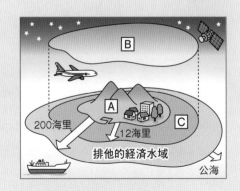

近くにお宝がねむっているかもしれない…！

たびたびニュースで見かけるけど、よくわかっていないシリーズ！

問題の背景を知ると、ざっくり理解できるかも！

教科書を 見 てみよう！

社会 **地理**

日本の領土

中学地理　日本地理

日本政府は現在、ロシアと北方領土について、韓国と竹島について、領有権をめぐる問題が存在していることを認めています。また、日本の固有の領土である尖閣諸島について、中国と台湾が1970年以降、領有権を主張するようになりました。

排他的経済水域（領海を含む）

※経済水域および大陸棚に関する法律にしたがった区域。
※区域の一部については関係する近隣諸国と交渉中。

つまり、こういうこと

歴史を知ると、問題の理由が見えてくる。

・**北方領土**（北海道：歯舞群島・色丹島・国後島・択捉島）

①1855年　②1875年　③1905年

④1951年

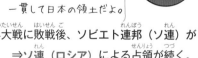

1855年に、ロシアと初めて国交を結んで、日本とロシア間で境界を定めたときから、北方領土は一貫して日本の領土だよ。

日本が第二次世界大戦に敗戦後、ソビエト連邦（ソ連）が北方領土を占領。　⇒ソ連（ロシア）による占領が続く。

→日本政府は四島まとめての返還を求めている。

・**竹島**（島根県）

日本の排他的経済水域（領海を含む）

1905年、日本政府が竹島を島根県に編入することを決定。
1952年、韓国が国際法に反し、一方的に竹島を韓国領土と定める。

→その後、韓国は竹島に警備隊を常駐させている。

・**尖閣諸島**（沖縄県）

1895年、日本は尖閣諸島を沖縄県に編入することを決定。

日本の排他的経済水域（領海を含む）

※1970年代に尖閣諸島の周辺の海底に石油や天然ガスなどの資源が埋まっている可能性があることがわかると、中国や台湾が自国の領土であると主張し始めた。

※答えは次のページ

書いて身につく! おさらいワーク

1 次の地図の❶〜❹にあてはまる国の名前を書きましょう。

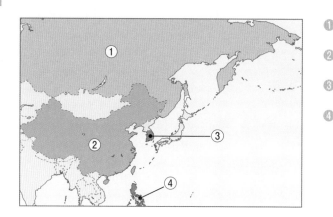

❶ [　　　　　　　　]

❷ [　　　　　　　　]

❸ [　　　　　　　　]

❹ [　　　　　　　　]

2 次の表の[　　　]にあてはまる語句を選びましょう。

島根　　韓国　　北方領土　　中国　　尖閣諸島　　択捉島

❺ [　　　　　　　]	日本は、[❺]の帰属に関して、ロシアと交渉をしている。 [❺]とは、❻[　　　　　　　　　　　　]、国後島、色丹島、歯舞群島のことを指す。[❺]は日本固有の領土であり、日本政府は平和的に領土問題を解決し、ロシアとの間で平和条約を締結する道を探っている。
竹島	竹島は、日本海の南西部に位置し、日本の❼[　　　　　　　]県隠岐郡隠岐の島町に属している。 1952年に❽[　　　　　　　　　　　]が自国の領土であると主張し、1954年以降、竹島に警備隊を常駐させ、不法に占拠している。
❾ [　　　　　　　]	[❾]は、1895年に沖縄県に編入された。1970年代以降、[❾]周辺の資源が注目されるようになると、❿[　　　　　　　　　]や台湾が領有権を主張し始めた。

日本の領土をめぐる問題

・北方領土
（歯舞群島・色丹島・国後島・択捉島）

…ロシアと領有権をめぐって対立。日本政府は、四島まとめての返還を求めている。

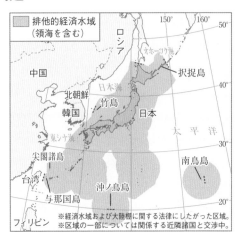

排他的経済水域（領海を含む）

ロシア
中国
北朝鮮
韓国
日本海
竹島
択捉島
北方領土
日本
オホーツク海
東シナ海
太平洋
尖閣諸島
台湾
与那国島
沖ノ島島
南鳥島
フィリピン

※経済水域および大陸棚に関する法律にしたがった区域。
※区域の一部については関係する近隣諸国と交渉中。

・竹島

…韓国と領有権をめぐって対立。韓国が竹島に警備隊を常駐させているが、日本政府はその正当性を認めていない。

・尖閣諸島

…解決しなければならない領土をめぐる問題は存在しないが、1970年代以降、中国と台湾が領有権を主張。

メモ

現在の日本の領土が確定するまで
第二次世界大戦後に結ばれたサンフランシスコ平和条約によって、本州・北海道・九州・四国とその周辺の島々が日本の領土であると定められた。その後もアメリカの統治権下におかれた奄美群島が1953年に、小笠原諸島が1968年に、沖縄が1972年に日本に返還された。

オススメの一冊

「地図と年表で見る日本の領土問題」
（浦野起央　三和書籍　2014年）

Q 日本の領土に関する問題が絶えずニュースで流れるのはなぜ？

A # 現在の日本の領土は第二次世界大戦後に定められたが、近隣諸国との問題が解決していない領土もあるから。

日本は領土をめぐって今も近隣諸国との間で問題を抱えているんだね。
自分の国の歴史や近隣諸国との関係を学ぶことはとても大切だね。

おさらいワークの答え：①ロシア　②中国　③韓国　④フィリピン　⑤北方領土　⑥択捉島　⑦島根　⑧韓国　⑨尖閣諸島　⑩中国

くらし
のギモン

くらしのギモン

Q 日本人はどうしてせまいところにかたまって住むの？

海外ドラマに出てくる家ってたしかに大きくて土地も広いイメージがあるよ！
たくさん土地が買えるお金持ちが多いのかなぁ。

人口密度は人口÷面積で求められるよ

ページをめくる前に考えよう
ヒント QUIZ

日本の人口（約１億2600万人）を面積（約38万 km²）で割った場合、1平方キロメートルの土地にだいたい何人が住んでいる計算になるでしょうか？

ア　約330人　　イ　約30人　　ウ　約3000人

※答えは次のページ

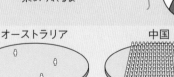

オーストラリア　　　　　　中国

3人／km²　　　　　　　150人／km²
面積：769万km²　　　　面積：960万km²
人口：2579万人　　　　人口：144422万人

※面積は2020年、人口は2021年。（「日本国勢図会」2022/23年版）

A できれば平らなところに住みたいから。

そりゃそうだけど…。
それは日本人だけじゃないでしょ？

日本に平らなところは
どのくらいあるかな？

教科書を見てみよう！

人口が集中する低地

中学地理 日本地理

日本は世界的に見て人口の多い国ですが、その人口の大部分は、国土の3割に満たない平野や盆地に集中しています。

地形別の日本の人口分布

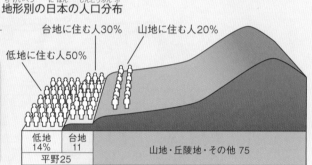

低地に住む人50%
台地に住む人30%
山地に住む人20%

| 低地14% | 台地11 | 山地・丘陵地・その他 75 |

平野25

（「日本国勢図会」）2022/23年版など

つまり、こういうこと

日本は人口が多いのに、国土のほとんどが山地で、人が住むのに適した低地が少ないから。

・日本の人口と人口密度

人口は約1億2600万人（2021年）、面積は約38万km²。

→人口密度（1km²当たりの人口）は約332人/km²。

・日本の国土

日本は国土の約75%が山地であり、山がちな地形。

→人口が低地に集中し、低地での人口密度はより高くなる。

・日本の人口分布

人口の約80%が標高0～100mの地域に住んでいる。標高0～100mの地域は国土面積の25%程度。

※大都市圏の低地部に広がる、海抜ゼロメートル地帯とよばれる海面よりも低い土地にも多くの人が住んでいる。

図 各国の可住地の比較

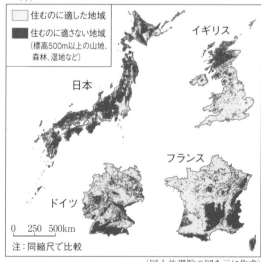

☐ 住むのに適した地域
■ 住むのに適さない地域
（標高500m以上の山地、森林、湿地など）

イギリス
日本
フランス
ドイツ

0　250　500km

注：同縮尺で比較

（国土地理院の図を元に作成）

※可住地＝人が住める土地のこと

※ヒントQUIZの答え：ア

※答えは次のページ

書いて身につく! おさらいワーク

1 次の図は世界の主な国の面積・人口・人口密度を示しています。[ ]にあてはまる数字を選び、図を完成させましょう。

983万   38万   3億3300万   14億4400万   1億2600万   332   150   34

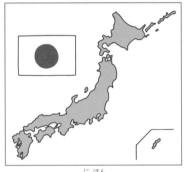

日本

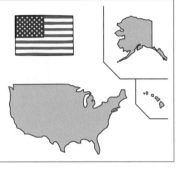

アメリカ

中国

面積：❶ [ ] km²　　面積：❷ [ ] km²　　面積：960万km²

人口：❸ [ ] 人　　人口：❹ [ ] 人　　人口：❺ [ ] 人

人口密度：❻ [ ] 人/km²　　人口密度：❼ [ ] 人/km²　　人口密度：❽ [ ] 人/km²

人口密度が最も高い国はモナコ（19760人/km²）（2021年）で、最も低い国はモンゴル（2人/km²）（2021年）なんだって!

2 次の表の[ ]にあてはまる地形の名前を、右のイラストから選んで書きましょう。

山地	山が集まっている地形
❾ [ ]	周囲を山に囲まれている地形
❿ [ ]	海に面している平地
丘陵	小さな山が連続している地形
⓫ [ ]	平地の中で周囲よりも高く、平らな地形

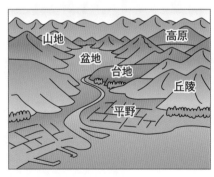

115

まとめ

●日本の地形

- ・国土の約75%が山地。
- ・国土の25%程度の平野に、人口が集中している。

●日本の人口

- ・現在の日本の人口は約1億2600万人（2021年）。世界で11番目に多く、人口密度は約332人/km²。

●さまざまな地形

山地	山が集まっている地形
山脈	多くの山が連なっている山地
高原	標高が高く、起伏の少ない山地
盆地	周囲を山に囲まれている地形
平野	海に面している平地
丘陵	小さな山が連続している地形
台地	平地の中で周囲よりも高く、平らな地形

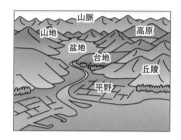

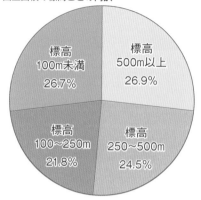

メモ☐

国土面積の標高ごとの内訳

- 標高100m未満 26.7%
- 標高500m以上 26.9%
- 標高100〜250m 21.8%
- 標高250〜500m 24.5%

（一般財団法人　国土技術研究センター）

メモ☐

日本は森林が多い国でもある。国土のおよそ3分の2が森林で、森林率（国土面積に占める森林面積の割合）はOECD加盟国の中でフィンランド、スウェーデンに次いで3番目に高い。（2019年）

Q 日本人はどうしてせまいところにかたまって住むの？

A 日本は国土の約75%が山地なので、人が住むのに適した平らで標高の低い土地に、たくさんの人が集中するから。

日本は山がちな地形で平地が少ないから、海外ドラマで見るような庭付きの大きな家を建てられる土地を探すのが難しいんだね。

おさらいワークの答え：①38万　②983万　③1億2600万　④3億3300万　⑤14億4400万　⑥332　⑦34　⑧150　⑨盆地　⑩平野　⑪台地

くらしのギモン

毎日ぎゅうぎゅうだ〜…

体力をけずられてしまう…

朝の東京方面の電車っていっつも混んでいるから通勤だけで疲れちゃうんだよ。
逆の方面に向かう電車はガラガラなのに!

ページをめくる前に考えよう
ヒント QUIZ

東京都の人口は、昼の間と夜の間で増減します。
人口が多くなるのは、昼の間でしょうか。それとも夜の間で

しょうか。

　ア　昼の間　　　イ　夜の間　　　※答えは次のページ

東京

117

東京の人口は少ないから！

東京の人口が少ない!? 嘘だね！
日本一人口が多いことくらい知ってるよ！

まあまあ。
ある意味少ないってことなのさ…。

教科書を見てみよう！

社会地理

東京大都市圏の人口

中学地理　日本地理

東京都の中心部から郊外に向けて、鉄道などの交通網が放射状にのびています。これを利用して、たくさんの人々が郊外から都心に通勤・通学しています。東京都の中でもとくに東京23区の人口は、夜間よりも昼間の方が300万人以上も多くなっています。

東京23区への通勤・通学者数

0　20km

群馬県 1
栃木県 2
茨城県 6
埼玉県 84
都内他市町村 56
東京23区
千葉県 70
神奈川県 92
その他 7

単位：万人
（2015年）
（「国勢調査」2015年）

つまり、こういうこと

東京都の近隣の県から、東京都心に通勤・通学してくる人が大勢いる。

・東京都の夜間人口・昼間人口　[1]

その地域に住んでいる人口を夜間人口、夜間人口に通勤・通学による人口の増減を加味した人口を昼間人口という。

→東京都には近隣の県から通勤・通学してくる人が多いため、夜間人口よりも昼間人口が多くなる。

・コロナ禍で東京都の人口は減った…？　[2]

2021年は新型コロナウイルスの影響で、東京都から転出する人が増加。東京都に転入する人よりも多かった。

→2022年からふたたび転入する人の方が多くなり、首都圏の過密と、地方の過疎は解消していない。

[1] 首都圏の昼間人口・夜間人口（2020年）

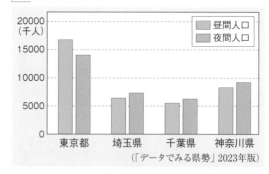

20000（千人）
15000
10000
5000
0
東京都　埼玉県　千葉県　神奈川県

昼間人口
夜間人口

（「データでみる県勢」2023年版）

[2] 東京都の人口の推移

14200（千人）
14037　13988
14000
13800
13600
13400
13200
2015　2016　2017　2018　2019　2020　2021　2022(年)

東京の人口が減少したのは26年ぶり！

（各年1月1日現在）
（東京都資料）

書いて身につく! おさらいワーク

1 次のグラフは、東京都、埼玉県、千葉県、神奈川県の夜間人口と昼間人口を示しています。東京都があてはまる記号を選びましょう。

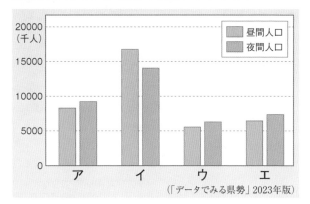

（「データでみる県勢」2023年版）

夜間人口の方が多いところと、昼間人口の方が多いところがあるね。東京都はどうだったっけ?

❶ [   ]

2 次のグラフは、東京・大阪・名古屋とその周辺の都市からなる三大都市圏と、それ以外の地方都市圏の交通手段の内訳を示しています。三大都市圏があてはまる記号を選びましょう。

	鉄道	バス	自動車（運転）	自動車（同乗）	自動二輪車	自転車	徒歩
A 平日	28.5%	2.3	23.3	8.2	2.2	14.1	21.3
A 休日	16.3%	2.0	28.4	22.3	1.7	10.6	18.7
B 平日	4.3%	3.1	46.8	12.0	2.7	13.4	17.6
B 休日	2.6%	1.7	44.0	28.3	1.6	9.6	12.2

※四捨五入の関係で合計が100%にならない場合がある。

（国土交通白書 2020）

AとBを比べたとき、使っている人の割合が大きく違う交通手段に注目!

❷ [   ]

3 次の問題は過密地域・過疎地域のどちらでおこっている問題ですか。あてはまる方に○をつけましょう。

●近所の小学校が閉校してしまい、離れた小学校までスクールバスで子どもを通わせることになった。

❸ [過疎 ・ 過密]

●繁華街にある会社の近くに住もうとしても、部屋が狭くて家賃が高い。

❹ [過疎 ・ 過密]

まとめ

● 東京への一極集中

・政府機関や大企業の本社が集中する東京都心に人口が集中している。

・他県からの通勤・通学者が多いため、東京都では夜間人口よりも昼間人口の方が多く、周辺の県ではその逆になる。

　※夜間人口…住んでいる人の数。

　昼間人口…夜間人口に通勤・通学による増減を加味した数。

● 人口が多い地域

東京・名古屋・大阪の三大都市圏。札幌・仙台・福岡などの大都市。

→仕事に就きやすく、生活するのに便利なため人口が集中。

● 過密地域・過疎地域

・過密…都市部で人口が集中する現象。東京都やその周辺の県で、住宅の不足や環境の悪化、交通渋滞、交通機関の混雑などの問題がおこっている。

・過疎…地方では、若者の都市部への流出によって人口減少、高齢化が進み、学校の休校・閉校や公共交通機関の廃止などの問題がおこっている。

メモ ▢

日本の人口のうち三大都市圏の人口の比率

- その他 52.0
- 東京圏 27.3%
- 大阪圏 13.3
- 名古屋圏 7.4

（「日本国勢図会」2022/23年版）

※東京都庁、大阪市役所、名古屋市役所を中心とした半径50キロメートルの範囲

オススメの一冊

「地方消滅―東京一極集中が招く人口急減」
（増田寛也　中央公論新社　2014年）

Ｑ 　東京の電車はなんでいつも混んでいるの？

Ａ ▶ **東京には、通勤・通学のために周辺の県から大勢の人々が集まってくるから。**

最近はテレワークが普及して、東京都から離れる人も増えたけど、神奈川県や埼玉県など、東京都に近い地域に移動する人が多いみたい。都市圏から地方への移住をすすめるのはなかなか難しいようだね。

おさらいワークの答え：①イ　②Ａ　③過疎　④過密

くらしのギモン

STOP

県境は
このへんに
しよ〜

日本の山といえばやっぱり富士山…だけど山頂の住所なんて考えたこともなかった！

ページをめくる前に考えよう
ヒント QUIZ

富士山は、何県と何県にまたがっているでしょうか？
右の地図のA・Bにあてはまる県を答えましょう。

※答えは次のページ

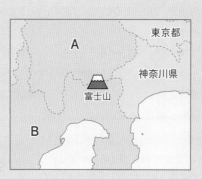

東京都

A

神奈川県

富士山

B

Aの県はほうとうが
有名！

Bの県は、お茶の
生産が盛んだね！

A その答えは神のみぞ知る…?

もしかして富士山は日本じゃないの!?

そういうことじゃないけど…
日本の県境ってどう決まっているか知ってる?

教科書を 🔍 見 てみよう！

社会 地理

都道府県の境界

中学地理　日本地理

都道府県境は山や川、海峡など、地形に沿っていることが多いです。しかし、静岡県と山梨県にまたがって位置する富士山の山頂などは県境が決まっていません。

つまり、こういうこと

県境がその地域の歴史や産業にもとづいて決められた
土地や県境がまだ確定していない土地がある！

・県境がぐにゃぐにゃな理由
　山地や河川、海峡（陸の間にある狭い海）など、土地の形に沿って
決められたものがほとんどだから。　　　　　　　　　　　1▷

・めずらしい県境
県境が未確定な場所
富士山の山頂：山頂は、富士山の静岡県側のふもとにある**富士山本宮**
浅間大社の私有地。
旧江戸川の河口：東京ディズニーリゾート近くの旧江戸川の河口付近
は、東京都と千葉県がそれぞれ違う境界線を主張している。
飛び地…ある行政区に属していながら、異なる行政区に囲まれている
　土地のこと。和歌山県北山村など。　　　　　　　　　　2▷

北山村は、林業が盛んで新宮市とのつながりが深
かったことから、新宮市と同じ和歌山県に入ったんだ。

1 日本地図

● 県境未定地

2 和歌山県の飛び地

大和国
奈良県
三重県
北山村
和歌山県
紀　伊　国
新宮市
和歌山県の飛び地

------ 現在の県境
—— 江戸時代の国境

書いて身につく! おさらいワーク

1 次の問題に答えましょう。

(1) 次の文は県境について説明しています。[　　]内の文字をなぞり、文を完成させましょう。

●県境は、[河川]や山地、海峡などの[地形]に沿って引かれているものが多い。

(2) 右の写真は、全国でもめずらしい、平野に位置する3県の県境です。□□□にあてはまる都道府県を選びましょう。

ア　大分県　　イ　埼玉県

ウ　北海道　　エ　奈良県　　❶[　　　　　　]

群馬県　栃木県

(3) 和歌山県北山村など、異なる行政区に囲まれている土地を何といいますか。　　❷[　　　　　　]

(4) 富士山がまたがっている県は、静岡県とどこですか。

❸[　　　　　　]県

(5) 次のうち、実在しない県境の説明としてあてはまるものを選びましょう。

ア　商業施設の中に引かれている　　イ　海底トンネルの中に引かれている

ウ　美術館の中に引かれている　　❹[　　　　　　]

2 都道府県のシルエットと都道府県名を、線でつなぎましょう。

❺　　　　❻　　　　❼　　　　❽　　　　❾

  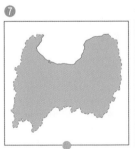  

A　広島県　　B　千葉県　　C　秋田県　　D　福岡県　　E　富山県

まとめ

● **都道府県**…地方の政治を行う基本の単位。

・ できたきっかけ…明治時代に行われた**廃藩置県**。それまであった「藩」を廃止し、東京と京都、大阪に「府」、そのほかの都市に「県」がおかれた。

・ 何度か変更したのち、1972年に現在の**1都1道2府43県**になった。

● **県境**…県と県の境界。都や府、道との境も県境という。

・ 決め方…山地や河川、海峡など、**自然の地形**に沿って決められたものが多い。昔の都市の境界線をそのまま利用している場所もある。

・ 未確定の場所
　県境が決まっていない主な理由は以下の2つ。
　① 2県の主張が対立している
　② 2県が協議の結果、県境で争わないことを決めた（富士山山頂はこちらの理由）

● **飛び地**…ある行政区に属しながら、異なる行政区に囲まれている土地。

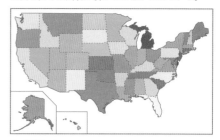

メモ □

アメリカの州は四角？

アメリカには広大な平野が広がり、目印となる川や山が少ないことなどから、緯線や経線に沿った真っ直ぐな州境が引かれたといわれている。

メモ □

富士山山頂にある浅間大社奥宮

徳川家康

ちなみに富士山山頂を私有地としている浅間大社の現在の本殿は私がつくらせたんじゃよ。

Ⓠ 富士山のてっぺんは何県？

Ⓐ **富士山は山梨県と静岡県にまたがっているが、てっぺんはどこの県のものでもない。**

県境には、地形だけでなく、歴史や地域の産業と深く結びついて決まる場所もあるんだね。

おさらいワークの答え：①イ　②飛び地　③山梨　④ウ　⑤C　⑥B　⑦E　⑧A　⑨D

くらしのギモン

Q 東京都の都庁所在地は「東京」なの?

東京都庁はたしか東京都新宿区にあるんだよね。
それなら都庁所在地は新宿区じゃないの?

ページをめくる前に考えよう
ヒント QUIZ

右の地図　　　の範囲は、現在何とよばれているでしょうか?
ア　東京23区　　　イ　東京市　　　ウ　東京府

※答えは次のページ

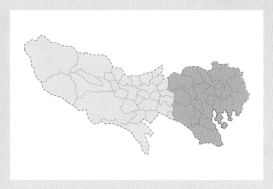

A 新宿区は東京23区でトクベツだから!

トクベツ…!? 東京23区だけえこひいきされてるなんてずるいんじゃないの!

まあまあ、落ち着いて。特別なんだけど、そういう意味じゃないっていうか…。

教科書を見てみよう!

社会 地理

東京都の都庁所在地は?

中学地理　日本地理

東京都庁の建物は新宿区にありますが、教科書や地図帳を見ると東京都の都庁所在地は「東京」となっています。これは新宿区を含む東京23区がほかの市町村と少し違っているからです。現在の東京23区にはかつて東京市がありました。1943年に東京府と東京市が廃止され、東京都ができました。その後、市のあった範囲が23区になりました。また、東京23区は区ごとに市町村の機能の一部を持っていますが、消防や上下水道の管理など、重要な業務は東京都の管轄であり、各区が単独で市町村と同じ機能を持っているわけではありません。そのため、地図帳などでは便宜的に東京23区全体を1つのまとまりとしてとらえ、「東京」が都庁所在地となっているとされています。

つまり、こういうこと

東京23区各区はほかの市町村とほぼ同じ機能を持つが市町村とは少し違う特別区。

・東京23区ができるまで
　1889年　東京府内の一部地域が東京市になる。
　1893年　現在の東京都西部が、神奈川県から東京府に編入。
　1943年　東京府と東京市が廃止され、「東京都」に。
　1947年　東京市のあった範囲が23区に　＝特別区

表

東京23区とほかの市町村の違い

	東京23区	ほかの市町村
首長	○ (直接選挙)	○ (直接選挙)
議会	○	○
条例の制定	○	○
消防	× (都の管轄)	○
水道	× (都の管轄)	○
保健所	○	× (道府県・規模の大きな市の管轄)

1889年　■東京市の範囲 □東京府の範囲

神奈川県

東京府内に
東京市が置かれる

1893年　■東京市の範囲 □東京府の範囲

東京府の
範囲が拡大。

1947年　■東京23区の範囲 □東京都の範囲

東京市が23区に

 ※ヒントQUIZの答え：ア

書いて身につく! おさらいワーク

1 次の地図の [　　] にあてはまる語句を選びましょう。また、[　　] 内の語句をなぞり、地図を完成させましょう。

大津市　　札幌市　　高松市　　那覇市　　松江市　　水戸市　　盛岡市　　横浜市

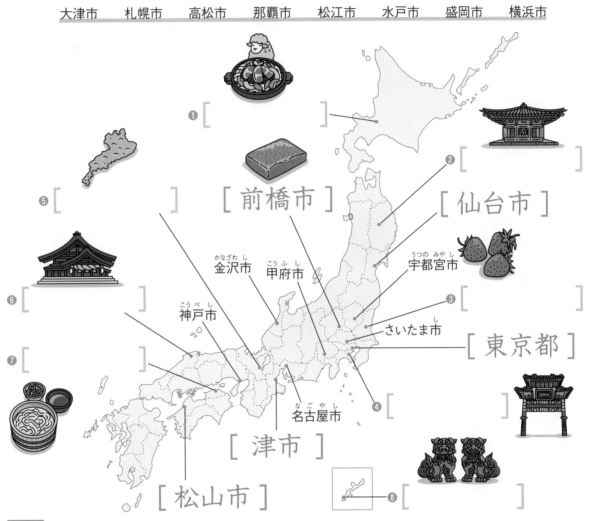

❶ [　　　]

❷ [　　　]

[前橋市]

[仙台市]

❺ [　　　]

金沢市　甲府市　　宇都宮市

❻ [　　　]

神戸市　　　❸ [　　]

さいたま市

[東京都]

❼ [　　　]

名古屋市

❹ [　　]

[津市]

[松山市]　　❽ [　　]

2 次の文章について、正しい方に○をつけましょう。

●都道府県庁所在地とは、各都道府県の❾ [都道府県庁・市役所] が置かれている都市のことです。日本を7地方区分で分けたとき、都道府県名と都道府県庁所在地名が異なる県が最も多い地方は、❿ [東北・関東] 地方です。

東北

関東

127

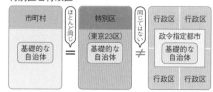

まとめ

●東京23区とは

東京23区はほかの市町村とほぼ同じ働きを持つ**特別区**で、市町村と同じく住民に最も身近な政治を行う基礎的な自治体。ただ、一部の重要な業務は東京都が行う。
＝東京23区全体を都庁所在地として「**東京**」の名称で地図帳に記載。

●都道府県庁所在地とは

…各都道府県の都道府県庁がある都市。重要な役割を持つ機関が集中。

・江戸時代に城下町や港町、寺や神社を中心に発達した門前町として栄えた場所が多い。

[都道府県庁所在地の成り立ち]

■ 城下町
▼ 港町
● 門前町
■ その他

札幌

青森
秋田　盛岡
長野
金沢　富山　山形　仙台
新潟　福島
岡山　京都　大津　前橋　宇都宮
大分　山口　鳥取　福井　水戸
福岡　広島　神戸　岐阜　さいたま
佐賀　松江　津　千葉
長崎　奈良　東京
熊本　松山　甲府
宮崎　徳島　静岡　横浜
鹿児島　高知　高松　大阪　名古屋
和歌山　那覇

> **メモ** 🗒
>
> **大阪市や横浜市の区は「行政区」**
> 行政区…横浜市や大阪市など、人口が多く国から認められた都市（＝政令指定都市）におかれる。市の区域を分けて行政を行う。市の組織の一部。
>
> 特別区と行政区
> | 市町村 | ほとんど同じ | 特別区 | 同じではない | 行政区 | 行政区 |
> |---|---|---|---|---|---|
> | 基礎的な自治体 | ＝ | （東京23区）基礎的な自治体 | ≠ | 政令指定都市 基礎的な自治体 | |
> | | | | | 行政区 | 行政区 |

> **注意** ⚠
>
> 東京都の条例では新宿区を都庁所在地と定めている。国土地理院の地図では、市町村をすべて示すことと、都道府県所在地を示すことが決められているが、新宿区は特別区であり市町村ではない。このため、国土地理院の地図では便宜的に「東京」を都庁所在地としている。この慣例が一般の地図や教科書、地図帳など、広く用いられ、「東京」が都庁所在地として知られるようになったと考えられている。

Q 東京都の都庁所在地は「東京」なの？

A 教科書や地図帳では特別区である東京23区を１つのまとまりとして、都庁所在地としている。

> 東京以外の都道府県庁所在地名にも、いろいろ背景がありそう！
> 自分が住んでいる市町村の名前の由来を調べてみるのもおもしろそうだね。

おさらいワークの答え：①札幌市　②盛岡市　③水戸市　④横浜市　⑤大津市　⑥松江市　⑦高松市　⑧那覇市　⑨都道府県庁　⑩関東

くらしのギモン

Q 近所の工場が地図にのっていないのだが!?

昔学校で工場の地図記号を習ったはずだけど、最近地形図を見てみたら近所の工場がのっていなかったんだ！ 確実に工場はあるのに、なぜないの？

ページをめくる前に考えよう
ヒント QUIZ

地形図には地形や土地の使われ方、施設などが地図記号で示されています。
右は2019年に制定された新しい地図記号です。何を表す地図記号でしょう？

ア 裁判所　　イ 自然災害伝承碑　　ウ 煙突　　エ 灯台

※答えは次のページ

何の形に似ているだろうか。

A 社会が変われば地図記号も変わる！

{ そこにあるのに地形図にはのっていないなんておかしくない？ }

{ 地図記号は、時代の変化に合わせて、廃止されたり新しくつくられたりしているんだよ。 }

教科書を見てみよう！

社会 **地理**

縮尺と地図記号

中学地理　日本地理

地形図は土地の高さや建物、道路などその土地に関するさまざまな情報を、記号で表現した地図のことです。地形図では市町村の境や土地の高さなど、実際には目に見えないものも地図記号で示されています。地図記号は地形図の種類や発刊時期によって違いがあります。

記号	名称	記号	名称
‖	田	�	消防署
∨	畑	⊗	警察署
○	果樹園	×	交番
◎	市役所	⊖	郵便局
○	町村役場	✕	小・中学校
鳥居	神社	⊗	高等学校
卍	寺院	博物館記号	博物館
⊞	病院	本記号	図書館

つまり、こういうこと

地図記号を見れば、その土地の特徴がわかる。

・地図記号ってそもそも何？
　地形図でのめじるし。建物やその土地の状態を、文字や絵でわかりやすく表したもの。施設の数が少なくなったものなどは、地図記号ではなく文字で記載される。

・実際の距離を知りたい！
　縮尺を見る！　縮尺は、実際の距離をどれくらいの割合で縮めたかを示している。距離が25000cm（250m）あるとき、25000分の1の地形図では1cmで表される。

・土地の高さを知りたい！
　等高線をカクニン！
　等高線…同じ高さの地点を線で結んだもの。等高線の間隔がせまいほど、土地のかたむきが急。

1 使われなくなった地図記号

- 2013年　Y（桑畑）、☼（工場）
- 1986年　⊖（電報・電話局）
- 1955年　♧（銀行）

※25000分の1地形図で使われなくなったもの

2 新しくできた地図記号

- 2019年　◻（自然災害伝承碑）
- 2006年　人（風車）、⌂（老人ホーム）
- 2002年　⌂（博物館）、本（図書館）

3 等高線

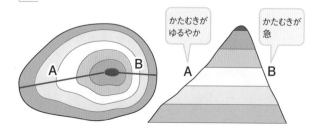

かたむきがゆるやか

かたむきが急

※ヒントQUIZの答え：イ

書いて身につく! おさらいワーク

1 次の表の [ ] にあてはまる語句を選びましょう。
また、地図記号をなぞり、表を完成させましょう。

地図記号の形から、何を表しているかを想像するのもおもしろいね。

消防署　果樹園　田　神社

名称	地図記号	由来	名称	地図記号	由来
❶ [ ]	丨丨 丨丨丨	稲を刈り取ったあとの様子	❸ [ ]	Y	江戸時代、消火で使用したさすまた
❷ [ ]	果樹記号	りんごなどを横から見た様子	城跡	城跡記号	城をつくったときのなわばりの形
畑	∨∨ ∨∨	植物の双葉の形	❹ [ ]	鳥居記号	参道入口にある鳥居の形

2 次の地形図の□にあてはまる地図記号を下から選び、□に描きましょう。

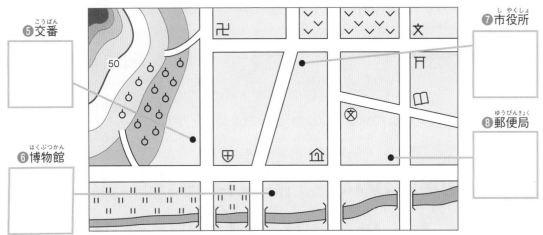

❺ 交番
50
❻ 博物館
❼ 市役所
❽ 郵便局

3 次の文の [ ] にあてはまる数字を書きましょう。

● 縮尺が25000分の1の地形図で、ある2地点間の長さが5cmであったとき、実際の距離は

5cm×25000＝❾ [ ] cm、つまり❿ [ ] mとわかる。

まとめ

● 地形図とは

国土地理院が発行している地図のこと。縮尺が25000分の1の地形図や50000分の1の地形図などの種類がある。

・地図記号…建物や土地利用を示す記号。関連する文字や絵を簡略化してつくられたものが多い。

税務署　　　　　　　　　　　　　老人ホーム

・地図記号の変化…産業構造の変化や施設数の減少などから、使われなくなった地図記号もある。工場などは文字で表されるようになった。反対に、新しくできた地図記号もある。

新しい地図記号例：自然災害伝承碑（ ）、風車（ ）、
図書館（ ）、博物館（ ）

・等高線…土地の同じ高さの地点をつないだ線。等高線から土地の傾斜や起伏がわかる。

・縮尺…実際の距離を、地形図上でどれだけ縮めているかを表した割合。

実際の距離＝地形図上の長さ×縮尺の分母

メモ

だれでも使える地図にするくふう

日本を訪れる外国人のために、外国人向け地図記号がつくられた。

今までの地図記号		外国人用の新しい地図記号
⊖	郵便局	✉
✕	交番	👮
⊞	病院	✚

※日本の地図では、今までと同じ地図記号が使用されている。

メモ

地形図の縮尺

25000分の1地形図…250mが1cmで表される。
50000分の1地形図…500mが1cmで表される。

Q 近所の工場が地図にのっていないのだが!?

A 地図にのせる情報は時代によって変わる！　地図記号も時代に合わせて変化している！

地形図を見ると、その地域にある建物や土地の使われ方、さらに土地の高さなどもわかるんだね。自分の住んでいる地域の地形図を見ると、新しい発見があるかも！

おさらいワークの答え：①田　②果樹園　③消防署　④神社　⑤✕　⑥博物館　⑦◎　⑧郵便局　⑨125000　⑩1250

くらしのギモン

Q どうして日本は自然災害が多いの?

最近ますます災害が増えているように感じるけど、気のせいじゃないよね!?
どうしてこんなに多いんだろう。

ページをめくる前に考えよう
ヒント QUIZ

日本で発生する自然災害にはどんなものがありますか。
次のうち、日本で発生する自然災害をすべて選びましょう。
ア　地震　　イ　ハリケーン　　ウ　火山の噴火　　エ　台風

※答えは次のページ

A 天も地も込み入った事情がありまして…。

最近どんどん自然災害のニュースが増えている気がするんだけど…。

自然災害が多いのは、日本の地形と気候の特徴が大きく関係しているんだ。

教科書を 見 てみよう！ 社会 地理

日本の自然災害

中学地理　日本地理

日本は環太平洋造山帯上にあるため火山活動が活発で、地震も多く発生します。地震で海底が変形すると、津波が発生することもあります。また日本では台風や梅雨による大雨に見舞われ、洪水や土石流がおこることも珍しくありません。

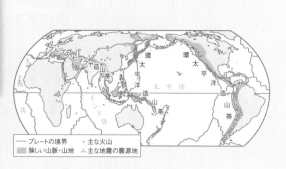

— プレートの境界　・主な火山
険しい山脈・山地　▲主な地震の震源地

つまり、こういうこと

地形と気候それぞれに事情があった…！

事情1　日本周辺にプレートが集結！

プレートとは地球表面を覆う岩板のこと。地球には10数枚のプレートがあり、少しずつ移動している。プレート同士がぶつかり合う力で地震が発生する。

北アメリカプレート
ユーラシアプレート
日本海溝
太平洋プレート
南海トラフ
フィリピン海プレート

事情2　火山が多い！

南西諸島
伊豆諸島・小笠原諸島

日本には現在111の活火山がある

事情3　短く急な川！

日本の川は世界の川に比べて短く急なため、大雨が降ると洪水がおこる可能性が高い。

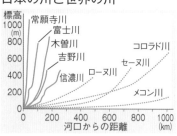

日本の川と世界の川

標高1000(m)
常願寺川
富士川
木曽川
吉野川
信濃川
ローヌ川
コロラド川
セーヌ川
メコン川

河口からの距離 (km)

事情4　日本の位置と地球温暖化！

日本は台風の進路上にあり、年間平均10個以上の台風が日本に接近する。さらに近年は地球温暖化により、大雨の発生確率が以前より高くなっている。

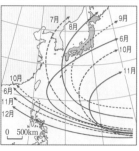

※答えは次のページ

書いて身につく! おさらいワーク

1 次の❶〜❹は、日本でおこる災害について説明しています。説明を読み、それぞれの災害時にとるべき行動の例を、あとから1つずつ選びましょう。また、[　　　]内の文字をなぞり、文を完成させましょう。

❶ 大きな地震の場合、水を多くふくむ砂地や埋め立て地で地盤が、一時的に液体のようになる[液状化]がおこることがある。

❷ 火山が噴火すると[火山灰]や溶岩を噴出したり、火山噴出物が火口から一気に流れ下る火砕流が発生したりする。

❸ [梅雨]や台風による大雨は、[洪水]や川の土砂を一気に流す土石流を引きおこす。

❹ 海底火山が噴火したり、地震が海底の浅い場所でおこったりすると、海水全体が動く影響で海面も大きくゆれるため、[津波]が発生する。

ア 海岸から離れて、高層階の建物や高台などできるだけ高い位置に避難する。

イ 危険を感じたり、避難指示があったりした場合は、雨が強くなる前に避難する。

ウ 室内にいるときは、頭を保護しながら頑丈なつくえの下などに隠れる。

エ 気象庁が出す噴火警戒レベルを確認し、事前に避難しておく。

❶[　　　]　❷[　　　]　❸[　　　]　❹[　　　]

これらはあくまでも一例。災害によって必要な行動は変わるから、日ごろから備えておくのが大事だね!

2 右の図は、ある日の台風の予報円を示したものです。この予報円からわかる情報を次から選びましょう。

ア この台風の雨量

イ この台風の大きさ

ウ この台風の進路

エ この台風の発達スピード

❺[　　　]

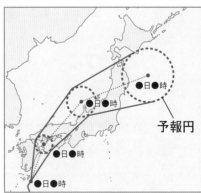

●日●時
●日●時
●日●時
予報円
●日●時

135

まとめ

他教科リンク
実技
115ページ

自然災害、自分でできる防災対策は?

他教科リンク
理科
121ページ

異常気象が多くなってきたのはなぜ?

● 自然災害がおこる原因

・日本の地形…プレートの上かつ造山帯に位置しているため、火山が多い。山が多い島国であることから川が短くて急。

・地球温暖化…豪雨が起こる頻度が上がっている。

● 主な自然災害

・地震…プレートのずれや火山活動などが原因。地盤がやわらかくなる液状化が生じることも。

・火山噴火…溶岩や火山灰が広範囲に噴出する。

・津波…海底火山の噴火や地震の震源が海底のときに発生する可能性がある。

・台風…熱帯低気圧が発達したもの。夏から秋にかけて発生する。強い風や大雨をもたらす。

・豪雨…土砂災害や洪水をもたらす。

● 災害への対策

・ハザードマップ…自然災害がおきやすい場所や被害の大きさの予測や、避難所の位置などを記した地図。国や各地方自治体が災害ごとのハザードマップを発行している。スマートフォンやパソコンからも確認できる。

メモ

避難所のマーク

避難場所

避難所

津波避難場所

街中の標識などで使用されている。

⚠ 注意

ハザードマップ

災害の大きさなどが見直されると、ハザードマップの内容も変わることがある。定期的に確認するようにしよう。

Q どうして日本は自然災害が多いの？

A 地形の条件と気候の条件が込み入っていて、さまざまな災害がおこりやすいから。

自然災害がおこる原因を知って、対策を考えておくことが大切だよね。自分の町のハザードマップを確認しておこう！

おさらいワークの答え：①ウ　②エ　③イ　④ア　⑤ウ

3 2 1 0 9 8 7 6 5 4
＊ ＊ D C B A